무에의 추구

RICHARD P. HARDY
SEARCH FOR NOTHING
The Life of John of the Cross

© The Crossroad Publishing Co., New York 1982

Translated by Carmelite Sisters in Daegu
© Benedict Press, Waegwan, Korea 1986

무에의 추구
1986년 7월 초판
2003년 9월 신정판(5쇄)
2024년 5월 12쇄
옮긴이 · 대구 가르멜 여자 수도회 | 펴낸이 · 박현동
펴낸곳 · 성 베네딕도회 왜관수도원 ⓒ 분도출판사
찍은곳 · 분도인쇄소
등록 · 1962년 5월 7일 라15호
04606 서울시 중구 장충단로 188(분도출판사 편집부)
39889 경북 칠곡군 왜관읍 관문로 61(분도인쇄소)
분도출판사 · 전화 02-2266-3605 · 팩스 02-2271-3605
분도인쇄소 · 전화 054-970-2400 · 팩스 054-971-0179
www.bundobook.co.kr
ISBN 978-89-419-0310-9 03230

리처드 P. 하디

무無에의 추구
십자가의 성 요한의 생애

대구 가르멜 여자 수도회 옮김

분도출판사

모든 것이 다 바뀌어도 좋습니다,
주 하느님,
우리가 당신 안에 뿌리를 내리면.

『빛과 사랑의 말씀』 3म

차 · 례

머리말 · 7

하나 청년 요한 예뻬 (1542~1564) · 13
둘   젊은 가르멜 수사와 개혁 (1564~1572) · 41
셋   아빌라. 강생 수도원 (1572~1577) · 77
넷   똘레도 감금의 압야 (1577~1578) · 109
다섯 안달루치아에서의 지도적 활동 (1578~1588) · 139
여섯 만년. 세고비아와 우베다 (1588~1591) · 173

맺음말 · 197

십자가의 요한 수사의 작품에서 · 221
참고 문헌 · 245

머리말

15여 년 전부터 십자가의 요한 수사의 저작을 연구하면서 나는 그에 관해 쓴 대부분의 전기들을 대할 때마다 거북함을 느껴 왔다. 요한 바루지의 고전적인 저서 『십자가의 성 요한과 신비 체험 문제』[1]에 실린 전기를 읽고 개명을 받기는 했지만 같은 성격의 다른 책들은 전연 그런 수준에 이르지 못했다. 크리소고노 데 예수 Crisogono de Jesús의 학구적 저서나 브루노 데 예수 마리아 Bruno de Jesús-Marie의 저서도[2] 지난 세기와 금세기 초에 출판된 좀 더 대중적 성격을 띤 다른 저서들과 마찬가지로 십자가의 요한 수사라는 인물을 제대로 그려 내지는 못한 것 같았다. 이 저자들은 비록 여러 사본에서

---

[1] Jean Baruzi, *Saint Jean de la Croix et le probléme de l'expérience mystique*, Paris: Librarie Félix Alcan 1924.

[2] Crisogono de Jesús, ocd, *Vida y Obras de San Juan de la Cruz*, Madrid: Biblioteca de Autores Cristianos (약호: BAC) 1964. 이 전기는 아주 잘된 것으로 십자가의 요한 수사의 배경을 훌륭하게 그려 놓았다. 그러나 저자는 자기 이야기가 근거하는 믿을 만한 증언이나 문서들을 항상 분별력 있게 선정하지는 않은 것 같다.
우리 세기의 다른 주요 전기는 Bruno de Jésus-Marie, *Saint Jean de la Croix*, Bruges: Desclée de Brouwer 1961.

자료를 얻고 그 시대 사람들의 증언에 충실하려고 했지만, 이른바 성인전의 전통을 답습했을 뿐이다. 사실 그들은 성성에 대해서 나름대로의 상상에 맞추어 한 성인을 창작해 낸 것이다.

각 시대마다 그 시대의 문화와 경험을 토대로 하여 창작 활동이 이루어지게 마련이다. 요한 수사의 전기 작가들은 현세적인 것을 피하여 내세적인 것에만 몰입한 것 같은 침울하고 어두운 인물을 그려 내었다. 그들이 본 십자가의 요한 수사는 어디까지나 성덕과 정신력의 귀감이었다. 그들에 의하면, 여러 가지 기적과 천사의 무리가 항상 십자가의 요한 수사를 악으로부터 지켜 주었다. 그리고 이 저자들은 서로 경쟁이나 하듯 요한 수사가 금욕주의와 신비주의의 이름으로 실행했다고 생각되는 지독한 고행들을 제시하는 데서 쾌감을 느낀 것 같았다. 그 결과 그들은 거의 인간이라고는 할 수 없는 어떤 사람을 그려 놓고 말았다. 그들이 묘사한 대로 십자가의 요한 수사는 20세기에 와서는 모방할 수 없는 인물이었다. 또 그들의 전기는 그런 인물을 본받아야겠다는 열망을 불러일으키지도 않는다. 그럼에도 불구하고, 이 저자들과 또한 그들이 논거로 삼은 듯한 증언들조차 요한 수사에게 매우 인간적인 자질이 있음을 보지 않을 수 없었다. 유머를 알고, 가족들을 사랑하고, 아름다움을 몹시 아끼고, 이웃들에게 관심을 기울이고, 즐거운 일을 좋아한 것 등이 그렇다. 하지만 이전의 전기 작가들이나 그 시대의 사람들에게는 그의 이러한 성품이 한 성인의 자질로 생각되지는 않았던 것이다. 그래서 십자가의 요한 수사의 이런 특성들은 잊혀지거나 다른 특성들에 가려져 16세기 스페인 사람들이 진짜 성인의 생애라고 여긴 국면에만 치중하게 되었다.

이런 전기들은 내가 『영혼의 노래』 혹은 『사랑의 산불꽃』을 읽고 알게 된 인간, 십자가의 요한 수사의 진정한 모습을 결코 보여 주지 못했다. 그 전기들은 감각적이고 세속적인 애정을 기울여 "삼라만상에 대한 로맨스"를 보여 준 저자의 모습을 충분히 나타내지 못했다. 그리고 요한 수사가 수도자들에게 준 초탈에 대한 권고의 말을 이해하는 데도 아무런 도움을 주지 못했다. 그뿐 아니라 『가르멜의 산길』 혹은 『어두운 밤』이 의미하는 바를 통찰하는 데도 별 도움을 주지 못했다. 요한 수사의 저술과 그에 대한 전기들을 읽어 본 후 나는 이렇게 자문하곤 했다. "요한 수사는 정말 이토록 모순된 사람인가? 그의 생애와 저술들은 너무나 차이가 있는데, 언제나 별개로 다루어야 한다는 말인가?" 어쨌든 나는 이 물음에 긍정적인 답을 내릴 수가 없었다.

요한 수사의 작품들을 되풀이하여 읽을수록 나는 전기에 묘사된 인물과 전혀 다른 인물을 그 작품들에서 만나게 되었다. 그래서 나는 이 문제에 매달리기 시작했다. 나는 그의 생애를 다시 한 번 조사해 보기로 결심했다. 바티칸 기밀문서 보관소에서 요한 수사의 전기 작가들이 등한시했던 시복·시성에 관한 문서 자료들을 꼼꼼히 살폈다. 그리고 같은 도시에 있는 테레시아눔Teresianum 대학의 도서관에서도 연구할 수 있었는데, 이곳에는 요한 수사의 초기 전기들이 보관되어 있었다. 이곳의 맨발 가르멜회의 빠드레 율리지오 빠코와 그가 주도하는 맨발 가르멜 연구회원들과 학자들이 여러모로 나를 도와주었다. 그들은 다른 맨발 가르멜 회원들을 나에게 소개해 주었고, 이들 역시 나에게 자기네 도서관을 마음 놓고 이용할 수 있도록 편의를 제공해 주었다. 그다음 나는 스페인 전역을 여행하면서 그 옛날 요한 수사가 직접 방문하거나 생활했던 고장들을 돌아보고 또 그가 마지막으로 숨을 거두었던 우베다의 맨발 가르멜 수도원과 마드리드의 국립 도서관에서 찾아낸 초기 문서들을 자세히 연구했다. 국립 도서관의 직원은 아주 열성적으로 나를 도와주었다.

   서서히 새로운 인물이 떠올랐다. 이 세상 **안에서** 하느님과 사랑에 빠졌던 사람, 그 한 인간의 모습이 선명하게 드러났던 것이다. 나는 참으로 성인다운 한 사람을 발견했다. 그가 세속을 피해 살았기 때문에 성인이라는 것은 아니다. 성성이란 우리가 사는 바로 **이** 세상

안에서 하느님을 찾고 또 만나 뵘을 의미한다는 것을 자기의 생활 속에서 터득한 사람을 나는 찾아냈던 것이다. 예수 안에 하느님의 말씀이 육화된 것은 이 세상과 그 역사의 성화를 의미한다는 것을 실증한 한 인간이 여기 있었다. 요한 수사에게 하느님은 때를 맞추어, 생활 속에서, 현세 안에서 말씀하시는 분이었다.

이 소책자에서 내가 의도하는 바는 바로 이 사람, 즉 내 나름으로 이해하게 된 십자가의 요한 수사(1542~1591)를 묘사하는 일이다. 십자가의 요한 수사를, 생활을 통해, 또 생활 속에서 하느님의 사람(성인)이 된 한 인간으로 알게 되기를 바라는 사람들을 위해 나는 이 책을 썼다.

내가 참고한 자료들은 그에 관한 증언들이 기록된 제일 초기의 사본들과 최초의 전기들, 그리고 요한 수사 자신이 쓴 저서들이다. 이 책에 수록된 대화들은 사본들에서 찾아낸 자료를 가지고 구성한 것이다.

끝으로, 십자가의 요한 수사의 작품들 가운데서 발췌한 몇 가지 글을 부록으로 덧붙였다. 이렇게 한 것은 그의 작품을 읽을 때, 그의 생애에 대한 새로운 해석이 어떤 보탬이 되는가를 알고자 하는 독자들에게 도움을 주기 위함이다. 아무쪼록 이런 연구를 통해 요한 수사의 진정한 모습과 또한 그리스도교의 신비적 영성생활에 대한 그의 접근을 새롭게 통찰하게 되기를 바란다.

하 · 나

청년 요한 예뻬
(1542~1564)

드라마가 그 종막으로 접어들고 있었다. 스페인 남쪽 지방에 자리 잡은 우베다 읍의 밤자갈로 포장된 좁다란 거리와 골목길들에 차가운 겨울바람이 몰아치던 날 밤, 가르멜 수도원의 수사들은 수도원 위층, 답답하리만큼 협소한 구석방으로 묵묵히 모여들었다. 방 안에는 야윌 대로 야윈 자그마한 몸집의 수사 — 십자가의 요한 수사가 누워 있었다. 기진한 이 수사가 간간이 몰아쉬는 숨결은 임종이 다가왔음을 말해 주고 있었다. 속삭이듯 가냘프게 이어지던 기도 소리가 차츰 끊어지면서 마침내 정적으로 잦아드는데, 형제 수사들이 들고 있는 촛불의 그림자들이 벽에 얼른거려 섬뜩한 느낌을 주고 있었다.

이때 돌연 수도원의 종소리가 정적을 깨뜨렸다. 그것은 수사들에게 새벽 기도 시간을 알리는 종소리였다.

귀에 익은 종소리에 요한 수사는 눈을 번쩍 뜨며 "무슨 종소리지요?" 하고 물었다. 형제들을 부르는 조과경 종소리라는 말에 그는 베개 위에서 긴장을 풀며 평온한 웃음을 지었다. 그는 알고 있었다 — 형제들은 여기서 기도를 바치겠지만 자기는 영원의 나라에서 조과경을 읊게 되리라는 것을! 1591년 12월 13일에서 14일로 넘어가는 자정이 막 지날 즈음, 십자가의 요한 수사에게 생애의 또 다른 단계로 접어드는 죽음이 성큼 다가왔다. 그는 생전에 늘 그렇게 지내 왔듯이, 임종 때도 자기를 좋아하는 사람들과 그렇지 않은 사람들에게 둘러싸여 숨을 거두었다. 마흔아홉 해를 살아오는 동안 그는 많은 사람들을 곤혹케 했다. 어떤 이들에게는 노여움을 샀고, 또 어떤 이들한테서는 환대를 받았다. 어느 쪽이든 그는 그들 모두를 사랑했다. 바로 그들 개개인은 그가 일찍이 젊었을 때 몰두하기 시작했던 저 추구 追求 노정의 일부를 형성했던 것이다.

가족·유년기

스페인 역사에서 16세기는 가장 활기에 넘친 시대였다. 전원의 풍취를 지닌 이 나라가 그 역사에서 유례를 찾아볼 수 없는 찬란한 위업을 이룩한 세기였다. 그 유명한 부부 군주 이사벨라와 페르디난도가 스페인을 하나의 통일국가로 만들기 위해 투쟁하여 마침내 그 목표를 달성했던 것이다. 1492년 무어Moor족의 지배에서 벗어난 그라나다는 수많은 유대인들과 이슬람교도들을 공포에 떨게 한 이단 규문소로 말미암아 아직 긴장된 상태이기는 하나 어쨌든 다시 스페인의 영토가 되었다.

지중해 연안 그라나다의 남부 항구도시들은 활기에 차 붐비었다. 부두의 일꾼들은 먼 나라에서 귀한 물건들을 잔뜩 싣고 돌아온 큰 상선에서 짐을 내리고 있었다. 일꾼들은 마치 개미 떼처럼 끝없는 열을 지어 움직이며 짐짝과 상자들을 어기차게 배에 밀어 올리기도 하고 밀어 내리기도 했다. 광장이나 선술집에서는 신세계 여행담에 신이 난 사람들이 신천지의 엄청난 부와 과장된 모험담을 떠벌려 사람들을 즐겁게 해 주었다.

스페인 본토는 태평연월을 구가했다. 스페인의 미술, 음악, 생활양식은 모든 사람의 선망의 대상이 되었다. 스페인의 왕은 황제였다. 그 영향력은 사실상 온 유럽과 신세계에까지 미치고 있었다. 부가 차고 넘쳤다. 적어도 귀족들에게는 그러했다. 그러나 대다수의 국민들은 빈곤에 시달리고 있었다. 부유한 자와 가난한 자, 이 두 계층은 나란히 공존하고 있었으나 각기 자기들 나름의 세계에 눈에 보이지 않는 울타리를 치고 갈라져 있었다. 일반적으로 사람들은 자신들을 갈라 놓은 그 깊은 골을 메워 보려는 시도조차 하지 않았다. 그러나 더러 완미한 인습을 대담하게 무시해 버리고 자유로이 처신하는 사람들도 있었다.

곤잘로 예뻬와 가타리나 알바레즈가 바로 그런 사람들이었다. 곤잘로 예뻬는 스페인 중앙에 있는 똘레도 지방의 유력한 가문 출신이다. 대대로 성직자나 거상으로 행세해 온 집안이다. 대부분이 자본가로서 막대한 재산을 활용하여 제조업이나 운송업에 투자한 그들은 자연히 상류계급에 속하게 되었다. 그렇지만 그 가계에는 당시의 신중을 요하는 시대 풍조에 비추어 숨겨 두는 것이 상책인 비밀들을 간직하고 있었다. 사실 예뻬 집안은 개종자 conversos, 즉 본래는 유대계로서 그리스도교로 귀의한 집안이었던 것이다.[1] 그 당시 유대계 혈통이라는 사실은 아무리 여러 세대가 흘렀다 하더라도 사람들의 의혹을 사게 마련이어서 그런 가문에 속한 이들이 사회적으로나 교회 안에서나 유력한 지위를 차지하는 데 장애가 되었다. 더구나 이단 규문소는 이러한 사람들을 끊임없이 감시했다. 시기심이 많은 시민들은 흔히 이런 사람들을 이단 규문소 당국에 고발하여 이들의 재산과 명예, 사회적 지위를 빼앗게 했다. 따라서 예뻬

---

[1] José Gomez-Menor Fuentes, *El linaje familias de santa Teresa y de san Juan de la Cruz: sus parrentes toledanos*, Toledo: 1970, 22-67. 이 시대에는 어떤 자손들에게나 이런 일이 있었다. 종교적·사회적 제재 때문에 무조건 유대계 계보를 숨겨야 할 필요는 없었다 해도 이렇게 하는 것은 현명한 일이었다.

일가는 그들의 조상을 철저히 숨기고 있었다.

곤잘로의 가문은 상당히 부유했지만 그 자신은 그렇지 못했다. 그는 고아가 되어 삼촌 집에서 살았다. 당연히 삼촌을 위해서 일을 해야 했고 그래서 많은 출장을 다녔는데, 특히 스페인 중부와 북부 지방을 자주 돌아다녔다.

곤잘로가 가타리나 알바레즈를 만난 것도 삼촌 대신에 사업차 메디나 델 캄포로 출장을 갔다가 마드리드 바로 북쪽에 자리 잡고 있는 조그마한 마을 폰티베로에 들렀을 때였다. 가타리나도 곤잘로처럼 똘레도 지방 출신이었다. 곤잘로를 만나기 몇 해 전에 그녀는 친분이 있던 폰티베로의 한 과부에게서 함께 살자는 제의를 받았다. 그녀는 양친이 이미 세상을 떠난 뒤라 자기의 삶을 그 작은 마을에서 새롭게 시작할 수 있으리라 믿고 그곳으로 옮겨 살고 있었다.

첫눈에 반한 그들은 서로 사랑하게 되었다. 이 기쁨을 한시바삐 집안 사람들과 나누고 싶은 마음에서 곤잘로는 오래 기다릴 수가 없었다. 그러나 곤잘로가 가타리나와 결혼할 계획을 식구들에게 발표하자 모두 질겁을 했다. 집안 사람들은 만일 곤잘로가 기어이 그녀와 결혼한다면 그와 의절하고 그를 죽은 셈 치겠다고 으름장을 놓았다. 그들은 가타리나가 가난하다는 것을 알고 있었으나 그것이 반대 이유는 아니었다. 그들이 보기에는 그보다 훨씬 더 심각한 장애가 있었다. 가타리나의 출신 배경에도 비밀들이 있었던 것이다. 풍문에 의하면 그녀는 어느 무어인 노예 소생이라고도 했고, 화형 당한 유대교도의 딸이라고도 했다.[2] 그러므로 그녀와의 결혼은 신원조회를 유발시킬지도 모르고, 그렇게 되면 예뻬 가문의 유대계 배경이 드러날 것이었다. 그런 위험을 무릅쓴다는 것은 그들로서는 상상도 못할 일이었다. 그래서 온 집안 사람들은 그 결혼에 대해 완강히 반대했고, 또 그럴수록 곤잘로와 가타리나는 그대로 밀고 나갈 결의를 굳혔다.

이 불굴의 정신을 가진 두 젊은이는 정말 남다른 데가 있었다. 곤잘로는 온유하고 다정하면서도 지조가 굳고 결단력이 있었다. 그의 애정은 빨리 달아올랐다가 빨리 식어 버리는 다혈질적인 것이 아니었다. 현재의 평안하고 안정된 생활을 포기하고 장차 어떤 고통이 따를지도 모를 다른 계층의 사람과 결혼하는 사람에게 사랑은 바로 희생과 봉사를 의미했다. 가타리나도 역시 같은 마음이었다.

장차 남편이 될 곤잘로처럼 가타리나도 자기 인생의 상당한 기간을 혼자 힘으로 살아왔다. 이제 곤잘로와의 결혼이 그녀에게 안락한 생활과 사회적 지위를 보장해

---

[2] José Gomez-Menor Fuentes, *El linaje familias*, 43.

주는 것도 아니었다. 단지 사랑 그것만이 그들을 결합시켜 주는 유일한 요소였다(대부분의 결혼이 조정과 합의로 이루어지고 사랑이 꼭 필요한 요소는 아니었던 시대에 이것은 흥미로운 사실이었다). 곤잘로와 가타리나는 서로의 애정이 그들을 지켜 주리라는 확신을 가지고 1529년경 결혼했다.

말할 수 없이 행복한 결혼 생활이었지만 처음에는 어려움도 많았다. 곤잘로는 그 지방 부인네들이 쓰는 챙 없는 모자와 머릿수건 짜는 기술을 배워야 했다. 그런 것들을 짜는 일로 부자가 될 수는 없었으나 한 가정이 그럭저럭 살아갈 수는 있었다. 두 사람은 처음 살림을 차렸을 때만큼이나 어렵게 오랫동안 일했다.

1542년까지 그들은 아들 셋을 두었다. 1530년경 태어난 맏아들 프란치스꼬는 1542년[3]에 출생한 막냇동생 요한 — 십자가의 요한 — 의 생애에서 매우 중요한 역할을 했다. 그리고 요한과 프란치스꼬 사이에 둘째 아들 루이즈가 있었다.

---

[3] 날짜는 확실치 않으나, 이름을 요한으로 지은 사실로 미루어 아마 6월의 요한 세례자 탄생 축일이나 12월의 요한 사도 축일에 태어났을 것으로 추정된다. 당시는 태어난 날의 축일을 따라 작명하는 것이 보통이었다. 불행히도 그 본당의 화재로 인해 영세 문서들이 소실되고 말았다. Jeronimo de San José, *Historia del Venerable Padre Fray Juan de la Cruz Primer Descalzo carmelita, compañero y Coadjutor de Santa Teresa de Jesús en la Fundación de su Reforma*, Madrid: Diego Diaz de la Carrera 1641, 12.

가족들은 근근이 풀칠이나 하면서 사는 형편이었다. 양식이 모자랄 때가 종종 있었다. 그들은 오직 직조 기술과 고된 노동, 그리고 그들이 생산해 낸 제품의 수요에 의존할 수밖에 없었다. 그들의 집은 작은 공장으로 바뀌었다. 안방 겸 식당으로 사용하던 제일 큰 방은 알록달록한 실꾸러미·실패·자투리들로 어수선했다. 가타리나와 곤잘로의 민첩한 손놀림 아래 펼쳐지는 천을 따라 움직이는 베틀의 북 나드는 소리에 갖가지 색깔과 좋지 못한 냄새가 어우러져 온 방을 채웠다.

나이가 들면서 요한은 베틀 손질하는 일을 도왔는데 식구 중 가장 어리긴 했지만 자기 몫의 일은 책임지고 해내야만 했다.

그러나 곤잘로는 가족들을 위해 좀 더 넉넉히 벌어 보려는 그 긴장과 과로, 친척들로부터 소외당한 비애, 거기에다 영양실조가 겹쳐 건강을 조금씩 해치게 되었다. 이런 고달픈 생활이 15년 가량 계속되자 결국 그는 병에 걸리고 말았다. 그의 병이 깊어져 몇 해째 자리에 눕자 남은 가족들은 생계를 잇기 위해 더 고되게 일을 해야 했다.

병고에 시달리며 죽음으로 다가가는 아버지를 2년간 간호해 드린 경험이 요한에겐 깊은 인상으로 남아 있었다. 여러 해 뒤 처음에는 병원의 젊은 간호사로서 그 후에는 가르멜 수사로서, 요한은 이 어렸을 적 경험에서 배운 바를 살려 환자들을 부드럽고도 사려 깊게 돌볼 줄 알았던 것이다. 그러나 죽음을 눈앞에 둔 아버지를 간호해 드린 것이 그에게 깊은 영향을 준 어린 시절의 유일한 체험은 아니었다.

가족들끼리 하는 이 "가내공업"에서 아버지가 일을 할 수 없게 되자 요한이 직조 기술을 더 많이 배워야 했다. 그의 어머니는 죽어 가는 남편의 병시중으로 손이 모자랄 때 자기를 도울 수 있도록 요한에게 몇 가지 일을 가르쳐 주었다. 훗날 요한은 그의 신비시神秘詩에서 이 베 짜던 시절을 회상하여 "이 감미로운 만남의 베일 …"[4]에 관해 읊었다. 여기서 베일veil이란 말로 번역된 스페인 원어는 실제로는 베틀에 끼여 있는 실들을 가리킨다. 인생살이의 숙명적 과정인 일과 삶과 죽음은 모든 인간에게 그렇듯이 특히 감수성이 예민한 요한 예뻬에게 깊은 영향을 주었다.

두 해에 걸친 고통스러운 투병 생활 끝에 요한의 아버지 곤잘로는 요한이 만 여덟 살이 되기 전에 세상을 떠났다. 부양해야 할 세 아들과 함께 남은 미망인 가타리나는 절망적이었다. 그들이 근근이 모아 두었던 얼마 안 되는 돈도 곤잘로가 앓는 동안에 다 써 버렸고, 이

---

[4] *Living Flame of Love* – B I, Crisogono de Jesús, ocd, *Vida y Obras de San Juan de la Cruz*, Madrid: BAC 1964, 829.

제 예뻬 가정의 남은 네 식구는 입에 풀칠도 하기 어려운 막다른 처지에 놓였다. 가타리나는 간신히 용기를 내어 세 아들을 데리고 남편의 두 사촌 형제들에게 도움을 청하러 길을 나섰다.

가타리나로서는 무엇보다도 아이들의 행복이 마음에 걸렸다. 앞으로의 일이 걱정되기는 했지만 그녀는 시숙들이 적어도 한두 아이는 맡아서 돌보아 주기를 바랐다. 그녀는 아이들을 데리고 똘레도를 향해 남쪽으로 무거운 발걸음을 옮기면서 이 문제에 대해 곰곰이 생각해 보고 또 자문자답도 해 보았다. 그들은 도보 여행으로 지친 몸을 이끌고 똘레도에서 그리 멀지 않은 또리요 근교에 당도했다. 똘레도에는 요한의 아저씨 한 분이 부주교로 있었다. 요한의 아저씨는 계수의 간청에 귀를 기울이긴 했으나 소극적인 반응을 보였다. 조카들이 아직은 너무 어려서 데리고 있을 수 없다는 것이다. 그러나 사실은 그보다 더 깊은 이유가 있다는 것을 안 가타리나는 그만 눈앞이 캄캄해졌다. 그녀와 곤잘로의 결혼이 예뻬 가문에 불러일으킨 불목의 감정이 아직도 가시지 않고 있었던 것이다. 이미 오랜 세월이 흘렀고 더욱이 곤잘로가 세상을 떠났는데도 그 파문은 좀처럼 가라앉지 않고 있었다. 적어도 이 유별난 사람의 경우에는 그러했다. 가타리나는 어린 아이들을 데리고 또 다른 아저씨에게 간청해 보기 위해 (똘레도에서 15마일 가량 떨어진) 갈베즈로 발길을 돌리면서 거기서도 여기서처럼 거절당하지나 않을까 걱정이 되었다.

그러나 갈베즈의 사정은 아주 딴판이었다. 갈베즈에 살고 있는 곤잘로의 형은 의사였는데 그의 이름은 가타리나의 막내아들 이름과 똑같은 요한 예뻐였다. 그는 가타리나와 그녀의 어린 아들들에게 진심으로 따뜻한 관심을 보여 주었다. 그는 자녀가 없었으므로 아들을 하나 두게 된다는 생각에 흡족했던 것이다. 그래서 그는 십 대에 접어든 큰조카 프란치스꼬를 보살펴 주겠다고 제의했다. 가타리나로서는 큰아들이 이제까지 자기가 돌보아 준 것보다 더 나은 생활을 할 기회를 가지게 되었다는 생각에 크나큰 위안을 받았다. 시숙의 집에서 2~3일 묵은 뒤 가타리나는 프란치스꼬를 의사의 보호 아래 남겨 두고 다른 두 아들과 함께 다시 폰티베로로 돌아왔다. 그러나 가타리나 자신이 처음에 기대했던 만큼 그렇게 이상적으로 일이 풀려 나가지는 않았다.

집에 돌아온 가타리나는 직조 일을 그대로 계속했지만 프란치스꼬가 새로운 집에서 어떻게 지내고 있는지 걱정이었다. 수개월이 지나도 큰아들에게서 아무런 소식이 없었으므로 그녀는 갈베즈로 가서 형편이 어떤지를 직접 알아보기로 결심했다. 그녀가 그곳에 가 보니 사정은 뜻밖이었다. 의사는 말할 수 없이 친절했으나 그의 아내는 전혀 그렇지 않았다. 그녀는 프란치스꼬에게 고된 일을 시킬 뿐만 아니라 학교에도 못 가게 했으니, 그에게 애정이라곤 조금도 보여 주지 않았다. 프란치스꼬의 애처로운 처지를 직접 목격한 가타리나는 의사가 앞으로 좋아질 것이라고 맹세까지 하는데도 프란치스꼬를 데리고 집으로 돌아왔다.

그러나 폰티베로의 형편은 더욱더 악화되어 갔다. 가타리나의 직조 일은 제대로 수익을 올리지도 못했다. 게다가 사춘기에 접어든 프란치스꼬가 말을 잘 듣지 않았다. 밤늦게까지 나돌아 다니는가 하면 어떤 때는 아예 집에 들어오지도 않았다. 프란치스꼬에 대한 가타리나의 걱정이 태산 같은데,[5] 바로 그때 다시 비극이 닥쳤다. 가운데 아이 루이즈가 죽은 것이다.

살기 위해서는 집을 옮기는 길밖에 다른 방도가 없는 것처럼 여겨졌다. 그렇지만 가타리나는 떠나고 싶지 않았다. 사실 그녀에게 있어서 폰티베로는 얼마나 많은 추억을 간직하고 있는 곳인가. 가타리나는 바로 이곳에서 사랑하는 남편을 만났고 그의 세 아들 역시 이곳에서 태어났다. 폰티베로는 가타리나의 고향이었던 것이다. 그러나 떠날 수밖에 없었다. 그리하여 그들은 폰티베로에서 별로 멀지 않은 아레발로에로 옮기고 그곳에

---

[5] Fray José de Velasco, *Vida y virtudes y muerte del Venerable Varon Francisco de Yepes, Vezino de Medina del Campo, que murió M. DC. VII*, Barcelona: G. Margarit 1624, 7.

서 가타리나와 프란치스꼬가 직조 일을 계속했다. 형편이 조금 나아지기는 했으나 여전히 넉넉지는 못했다. 그래서 얼마 후(1550~1551년경) 그들은 다시 메디나 델 캄포로 이사를 했다.

메디나 델 캄포는 살라망까에서 발라돌리드에 이르는 간선도로를 끼고 마드리드 바로 북서쪽에 위치하고 있는 번잡한 도시였다. 이곳에서는 1년에 두 차례 5월과 10월에 교역 시장이 열렸는데 바다 건너 먼 나라의 사람들도 한몫 보기 위해 한 해에 두 차례 이 시장을 찾아오곤 했다. 상인들과 자본주들은 동양에서 수입한 향료와 비단, 또 먼 나라에서 들여온 서적들, 신세계에서 가지고 온 옷감 등 이국적인 물건들을 서로 바꾸어 거래했다. 이들은 또한 먼 나라의 갖가지 얘깃거리와 소식들도 함께 가지고 왔다. 이 장이 열리는 동안 도시는 상인들이 자기 나라에서 일어난 사건들을 떠벌리는 흥분으로 술렁거렸다. 한 차례의 시장이 파하면 곧 다음 장을 준비했다. 요한은 이와 같은 흥분과 활기로 가득 찬 분위기 속에서 자랐다. 주로 국내외의 방문자들을 통해 소식이 퍼져 나가던 시대에 요한은 대다수의 다른 스페인 사람들과는 달리 세계 곳곳에서 일어나는 사건들의 소식을 가까이서 듣곤 했다.

요한의 생애에서 이 시기는 결코 가벼이 보아 넘길 수 없을 만큼 중요하다. 그의 가족들이 메디나 델 캄포로 왔을 때 그의 나이는 아홉 살이었는데, 새로운 것들에서 깊은 인상을 받기 쉬운 때였다. 신세계에 관한 이야기를 듣고 한 해 두 차례 열리는 교역 장터에서 이것저것 구경한 그 견문이 성장기 소년 요한에게 많은 가르침을 주었다. 그는 듣는 법을 익히고, 이 도시 성벽 너머 먼 세상에 관한 새롭고도 궁금한 사실들을 끊임없이 알아내곤 했다. 몸은 메디나 델 캄포에 있으면서도 여행자들의 이야기를 통해서 아메리카에 가 보기도 하고, 상인들과 더불어 그들이 매매하는 동양산 향료의 향기를 맡을 수도 있었다. 그는 그저 주위의 분위기를 관찰함으로써 그를 에워싼 이 도회지에서 정치적·종교적·사회적으로 무슨 일이 일어나고 있는지를 직감했다. 활기찬 이 도시에서의 생활은 그에게 아주 중요한 영향을 미쳤다. 그는 이러한 환경에 깊이 젖어 들면서 마주치는 새로운 것들을 스스럼없이 받아들이고 또한 그의 전 생애를 두고 고수하게 될 깊은 차원의 값진 것들에 눈떠 자신을 열어 가고 있었던 것이다. 그에게는 이 도시가 바로 학교였다. 그렇다고 해서 그의 교육이 중세 장터에서 물건들을 바꾸고 매매하는 상인들의 이야기에 귀 기울이는 일에 한정되었던 것은 아니다.

이 당시 메디나 델 캄포에는 "꼴레지오 델 라 독트리나"Colegio del la Doctrina라는 학교가 하나 있었다. 거기에서 요한은 고아이거나 가난한 집에서 태어난 다른 아이들과 함께 읽기와 쓰기 공부를 했다. 요한은 이 학교에서 처음으로 정규적인 학습의 참맛을 볼 수 있었고 그것은 어느 정도 성공적이었다. 요한의 형의 말에 의하면 어머니가 그를 이 학교에 입학시킨 지 며칠 안 되어서 그는 읽고 쓸 줄 알았다고 한다.[6] 그런데 기능 면에 있어서 요한은 교사들로부터 재질을 인정받지 못했다. 교사들은 그에게 손으로 하는 일 — 목공, 재봉, 나무 조각 일, 페인트 일 등 — 을 힘써 가르쳤고 요한 역시 자기 가족들을 돕기 위해 열심히 배우려고 노력했지만 어떤 일도 솜씨 있게 해내지 못했던 것 같다. 이러한 실패는 열두어 살의 이 성실한 소년을 퍽 낙심시켰다.

그러나 요한의 생활은 사회적으로 같은 계층에 속한 같은 또래 아이들과 조금도 다를 바 없었다. 그는 아우구스티누스회 수녀들의 모원인 막달레나 수녀원에서 미사 복사를 하는 법도 익혔다. 그는 일도 하고 놀기도 했으나, 일찍부터 고생하며 자랐기 때문에 같은 또래의 다른 소년들에 비해 한결 민감하고 생각이 깊은 아이라는 인상을 사람들에게 주었다. 그는 집에서 수녀원까지의 자갈 포장길을 걸으면서 자신의 미래와 자기 어머니 그리고 자기가 할 일에 관하여 생각에 잠기곤 했다.

---

[6] Biblioteca Naciónal de Madrid (약호: BNM), Ms. 12738, fol. 613.

요한은 겉보기에는 다른 여러 소년들과 똑같은 평범한 어린이에 지나지 않았지만 메디나의 부바 병원 책임자인 돈 알롱소 알바레즈 데 똘레도는 요한에게 특별한 관심을 기울이고 있었다. 그는 이 어린 친구가 숙성한 데 감명을 받고 도와주기로 결심했다.

돈 알바레즈는 요한이 그의 병원에서 남자 간호원으로 일할 수 있게 해 주었다. 그는 수녀원에서 어린 요한을 몇 주간 유심히 지켜본 뒤 요한의 몸가짐이며 성품이 그가 관리하고 있는 병원에서 일을 하는 데 아주 적합하다고 판단했다. 그래서 어느 날 그는 이 자그마한 소년에게 자기 병원에서 일을 하면 어떻겠느냐고 물어보았던 것이다. 요한으로서는 "꼴레지오 델 라 독트리나"에서 공부할 때에 실업 과목에서 낭패를 보았고 괴로운 기억이 남아 있긴 했지만, 우연히 자기 어머니를 도울 수 있는 일자리를 가지게 된 것이 여간 반갑지가 않았다. 요한은 주저하지 않고 그 제안을 받아들이면서 이번에는 실패하지 않기로 굳게 마음먹었다.

요한이 "누에스뜨라 세뇨라 데 라 꼰셉숀"Nuestra Señora de la Concepción — 보통 "라 부바"La Buba라 칭함 — 병원에서 일할 당시 그곳에는 환자용 침대가 45~50개가량 있었으나, 때로는 자기 침상을 가지고 입원하는 환자들이 있어서 침대 수가 그보다 더 많을 때도 있었다. 널따란 방 하나에 꽉 들어차 있는 침대들은 딱딱한 나무 침대로서 짚을 넣은 매트리스와 양털 속을 넣은 베개가 딸려 있을 뿐, 병상들 사이에 칸막이 같은 것은 하나도 없었다.[7] 도나 데레사 엔리끄 두체스 마케다가 궤양병이나 전염병 — 이것은 사실상 성병을 의미한다 — 으로 고생하는 환자들을 치료할 목적에서 1480년에 이 라 부바 병원을 설립했는데, 이것은 메디나 델 캄포의 몇 안 되는 특수 병원 중 하나였다. 이 병원은 전염하기 쉬운 병에 걸린 가난한 사람들을 진료했기 때문에 도시의 중심부에서 상당히 떨어진 곳에 자리 잡고 있었다. 게다가 교역장이 매춘부들을 끌어들이고 또한 가난한 사람들을 부추겨 몸이라도 팔아서 적은 액수나마 손쉽게 돈을 벌게 했으니, 이 병원은 일 년 내내 많은 환자로 차 있었다. 인격이 형성되는 젊은 시절에 여기서 생활하며 일을 한 요한은 육체적·심리적으로 또 사회적으로 고통당하고 있는 환자들에게서 깊은 인상을 받았다.

요한은 곧 자기 일에 몰두했다. 그의 주된 관심사는 환자들이었다. 소름 끼치는 상태에 있는 환자들이라도 그는 그들을 위해 어떤 일이든 했다. 그들의 곪아 터진

---

[7] Martín Alberto Marcos, "El sistema hospitalerio de Medina del Campo en el siglo XVI": *Cuadernos de Investigación Historica* 2 (1978), 349-51.

상처, 자주 악을 쓰는 그들의 분노와 반항, 그 어떠한 것도 요한의 직무 수행을 가로막지 못했다. 쇠약한 환자들에겐 음식도 먹여 주고 목욕도 시켜 주고 때맞추어 붕대도 갈아 주었다. 이런 환자들을 직접 돌본다는 것은 다른 많은 이들에겐 견딜 수 없는 일이었지만 요한은 결코 피하지 않기로 결심했다. 오히려 자기가 그들을 진심으로 도와주기 위해 그들 곁에 있다는 것을 알아주기를 원했고 또 실제로 그들 가까이 다가감으로써 그런 의향을 보여 주었다. 죽음이 가까운 환자들 곁에는 으레 정성을 다해 그들을 격려하고 위로해 주는 요한이 붙어 있었다. 요한은 문병 올 친구나 친척들이 없는 환자들의 친구가 되어 틈나는 대로 그들과 함께 지내곤 했다. 그들이 슬픔이나 괴로움에 빠져 있을 때는 그들을 즐겁게 해 주려고 애를 썼다.

실제로 요한은 환자들에게 이야기도 들려주고 노래도 불러 주며 그들을 즐겁게 해 주었다.[8] 그는 음악으로 그들의 기운을 북돋아 주며 사람들을 곧잘 즐겁게 해 주었다. 그는 언제 어느 때나 최선을 다해 그들을 간호했다. 물론 그도 한 인간으로서 몸과 마음을 가다듬어야 할 때가 있기 때문에 매일 그럴 수는 없는 노릇이었다. 그러나 그로서는 병원 일이 그저 단순한 직

---

[8] Jeronimo de San José, *Historia*, 23-4.

업상의 일만은 아니었다. 그는 자기가 하는 일을 곤경에 처해 있는 사람들 곁에서 그들을 도울 수 있는 좋은 기회로 여겼다. 모든 사람이 이 십 대 소년의 정성과 상냥함에 탄복했다. 젊은이 특유의 너그러운 심성으로 요한은 어려운 처지에 있는 사람들에게 정을 쏟고 끔찍한 상처를 씻어 줄 때, 환자들의 얼굴에서 인간적 고뇌를 읽곤 했다.

요한은 타인의 고통을 함께 나눌 줄 아는, 남달리 다정다감한 사람이었다. 그는 스스럼없이 다른 이를 동정하고 또한 큰 고통을 겪는 다른 사람들에 대한 사랑이 삶의 바탕을 이루는 그런 사람들 가운데 하나였다.

곤궁한 사람들과 가까이 지내면서 요한은 인생의 참다운 가치들을 깨우쳐 갔다. 그는 성장하여 한 인간이 되는 요체를 깨달았던 것이다. 그는 환자들을 자신이 사도적 열성을 기울여야 할 대상으로 보지 않았다. 무엇보다도 먼저 그들을 가족으로 생각했다. 그리고 그들이 자기와 또 그들 서로 간에 상종하는 가운데 자기에게 인생을 가르친다는 것을 알았기 때문에 그들을 존경하기까지 했다. 그들과 생활하면서 요한은 인생에 있어서의 아름다운 것과 추한 것을 자기 나름대로 민감하게 판단할 수 있게 되었다. 요한은 바로 그들과 관계를 맺으면서, 고통을 겪으시는 하느님, 기뻐하시는 하느님을 발견하고 그분을 가까이하게 되었던 것이다.

그렇지만 요한도 그들의 어떤 참혹한 질병 앞에서는 뒷걸음질쳤다. 때로는 끊임없는 고된 일에 물리어 혼자 있을 수 있는 시간을 원하기도 했다. 복잡한 병원 건물 한구석에 있는 헛간의 다락에서 어쩌다 공부할 수 있는 시간을 그는 퍽 소중하게 생각했고, 그것이 쉴 새 없는 일의 압박에서 벗어나 잡념 없이 숨을 돌릴 수 있는 기회이기도 해서 그는 애써 그런 시간을 가지려고 했다. 이런 요한이 마음에 들었던 돈 알바레즈가 그에게 새로 설립된 예수회 계통 학교에서 교육을 받을 수 있도록 주선해 주자 그는 감격하여 어쩔 줄 몰랐다.

그 학교에서 요한은 문법과 수사학 그리고 형이상학을 공부하면서 자기보다 별로 나이가 많지 않은 예수회 회원 요한 보니파치오를 만나게 되었다. 요한 보니파치오 수사는 요한을 가르치는 선생이자 친구가 되어 주었다. 요한의 소년다운 두려움과 또한 병원 잡역부로 일하며 공부하는 학생으로서 벅찬 생활을 해야 하는 어려움 등에 관해서 서로 의견을 나누기도 했다. 요한 보니파치오 수사는 그의 열심한 제자 요한에게 고전 라틴어와 에스파니아어의 중요한 기초 지식을 가르쳐 주어 그 소양이 초등 수준을 넘어서게 했다.

요한 보니파치오의 우정과 슬기로운 격려에 영향을 받아 요한은 이 학교에서 공부한 4년 동안(1559~1563) 자기의 삶에 대해 곰곰이 생각해 보기 시작했다. 자기

가족들의 궁핍, 부친의 사망, 어머니의 강인함 그리고 자기가 병원에서 돌보아 주는 사람들의 그 고통과 정신력 등을 생각하면 갈피를 잡을 수 없었다. 그런 착잡한 생각으로 고민하고, 나이도 젊었지만 그는 자기 생활에서 겪는 사건들에 어떤 의미가 있다는 것을 깨달았다. 하느님께서 어떻게 섭리하시는지는 분명치 않지만 그는 자기 삶에 하느님이 관여하고 계심을 알았다. 인생의 끝 날에 가서야 비로소 그는 그 모든 것이 하나의 전형적 인생노정을 이루기 위해 참으로 적절하게 짜 맞추어졌다는 것을 알게 될 것이다.

자기의 인생을 깊이 생각하고 또 장래 일에 관하여 공상에 잠기곤 했다고 해서 요한이 한가했던 것은 아니었다. 학교 공부하랴 병자들 간호하랴 그는 늘 바빴고, 그 밖에도 해야 할 일들이 여러 가지 있었다.

이 병원은 가난한 사람들을 상대로 했기 때문에 환자들이 내는 치료비는 병원 경영에 별로 보탬이 되지 못했다. 다른 데서 재원을 찾아야 했다. 백여 년 전에 이 병원이 건립된 이래로 병원 직원들 중 한두 명은 늘 애긍을 청하러 시내로 들어가 돌아다녔고, 교역 시장이 열리는 기간에는 성금을 모으기 위해 특별히 더 힘을 썼다.[9] 요한이 병원에서 일을 하기 시작했을 때 이것도

---

[9] Martín Alberto Marcos, "El sistema hospitalerio", 348.

그가 맡은 일 중의 하나였다. 사람들은 요한의 바구니 속에다 돈이나 다른 여러 가지 물품들 — 빵, 곡식, 옷가지, 밀초 등 — 을 넣어 주었는데 이것이 그에겐 아주 새로운 경험이었다. 비록 그의 가정이 몹시 가난하긴 했어도 그렇다고 거리에 나가서 구걸한 적은 한 번도 없었다. 그래서 그는 이 일에 많은 어려움을 느꼈다. 그렇지만 마음이 여린 이 젊은이가 용기를 내어 사람들에게 기부를 청할 수 있었던 것은 그의 도움에 의지하고 있는 사람들에 대한 그의 사랑 때문이었다. 그는 이 동냥하는 일을 성공적으로 잘해 내려고 단단히 마음먹고 애를 썼다. 그리고 이 경험은 그가 자신을 더 잘 인식하는 데 도움이 되기도 했다.

요한 자신의 처지도 그가 보살펴 주고 있는 환자들의 그것에 비해 조금도 더 나을 바가 없었다. 그의 잠자리는 참으로 초라했다. 그가 거처하는 "방"이란 복도 한 구석에 크고 작은 나뭇가지들을 얽어서 꾸민 것이었다. 그렇지만 요한은 언제나 말쑥하고 깨끗이 하고 다녔다. 그의 일생을 통해서 변하지 않은 독특한 성격은 바로 청결에 대한 세심한 주의였는데, 사람들이 일 년에 몇 번밖에 목욕을 하지 않았던 그 시대에 있어서는 아주 유별난 것이었다. 그런데도 요한이 남의 눈을 피해 혼자 찾아가서 공부도 하고 인생에 대한 사색에 잠기기도 했던 곳은 빈대가 득실거리는 고미다락이었다. 이곳은 병원 내에서 유일하게 조용한 장소였다. 어느 날 요한의 어머니는 그 다락에서 그가 자기 둘레에 벌레들이 기어 다니는 것도 모르고 독서삼매에 빠져 있는 것을 발견했다. 요한이 메디나 델 캄포에서 지낸 시간은 모든 것을 더 깊이 더 진실하게, 이를테면 정열적으로 사랑하기 위해서 그 모든 것으로부터 자유로워지기 위한 금욕생활의 의미를 그에게 가르쳐 주었다.

병원에서 일을 한 몇 년 사이에 요한은 여러모로 성장했다. 비록 그의 키는 여전히 자그마하여 4피트 10인치 정도밖에 되지 않았지만 그의 정신은 강해지고 개성도 성숙했다. 또한 다른 사람들에 대한 그의 사랑과 다른 이들의 고통을 덜어 주려는 그의 관심은 점점 더 중요한 의미를 가지게 되었다. 16세기의 스페인에서 하느님과의 관계는 일상생활의 "당연한" 일부로 여겨졌지만 젊은 요한 예뻬에게 있어서는 그 이상의 것이었다. 하느님은 요한의 친밀한 친구가 되고 있었으니, 그는 참으로 하느님을 사랑했다. 성장기에 고단한 삶에 힘겨워 잠시 하느님을 잊기도 했지만 다시금 그분을 찾고 일상생활의 모든 일을 통해 하느님이 자기를 가까이 하시는 그만큼 그도 하느님과 더욱더 깊이 친교하는 법을 배웠던 것이다.

스물한 살이 되면서 요한은 자신이 가야 할 또 다른 삶의 길을 생각하기 시작했다. 돈 알바레즈가 그에게 새로운 제안을 해 온 것은 바로 이 무렵이었다. 알바레즈는 앞으로 요한이 이 병원의 원목신부로 일하기를 희망했다. 그렇게 되면 요한은 병원에서 미사를 집전하고 또한 성사를 집행함으로써 환자들에게 봉사하는 역할을 할 것이었다. 이것은 요한뿐 아니라 가족들에게도 새로운 미래를 열어 줌을 뜻했다. 만약 요한이 이 제안을 수락하기만 한다면 그는 마침내 자기 어머니에게 더 실질적인 도움을 줄 수 있게 될 것이다. 그는 물론 이 일로 부유해지지는 않겠으나 그래도 얼마만큼은 어머니를 편하게 해 드릴 만한 자력을 가지게 될 것이고, 또한 이것은 지금까지 그가 해 온 것처럼 환자들을 육신적으로뿐만 아니라 영신적으로도 계속 도울 수 있음을 의미하기도 했다. 그는 이미 병원의 사정도, 의사들과 간호사들도 잘 알고 있는 터이므로 그 일은 그에게 쉬울 것이다. 그의 생각에도 재미가 있을 것 같고 벌써부터 그 일이 마음에 들었다. 이런 모든 여건을 생각할수록 그것이 그에게는 아주 이상적인 자리임이 분명해지는 것이었다. 그런데도 그의 내부에는 이 제안에 저항하는 무엇이 있었다. 그는 오랫동안 숙고한 끝에 결국 라 부바의 원목직이 자기를 위한 자리가 아니라는 결론을 내렸다.

1560년경 "성녀 안나 수도원"이라 불리는 가르멜 수도원이 메디나 델 캄포에 설립되었다. 1563년 요한은 예수회 학교에서 그 학습 과정을 다 마치자 이 가르멜회의 회원이 되고자 결심했다. 두어 가지 말 못할 이유로 알바레즈에게는 자기의 결심을 알리지 않았다. 비밀리에 병원을 빠져 나온 그는 수도원으로 가서 입회했다. 그 포근한 날 그는 가르멜 수도원을 향해 걸음을 옮기면서 지난날의 생활과 장래의 일을 곰곰이 생각했다. 그의 마음은 이제까지 그에게 부여되었던 모든 것, 그 갖가지 사건들, 그리고 사귀어 왔던 사람들에 대한 생각으로 가득 차 있었다. 새로운 삶을 향해 첫출발을 하는 마당에 지금까지 자기가 받았던 그 많은 은혜들을 기억에서 떨쳐 버리기엔 그는 너무나 상냥하고 감성적인 사람이었다. 그러나 실제로 이것이 그에게 있어 참으로 새로운 출발이라 할 수 있었을까?

요한은 그 자그마한 수도원에 당도하자 자기를 그 공동체에 받아 주기를 청했다. 수도원장은 그 자리에서 그에게 수도복을 입혀 주고 새로운 성직 신분의 표지로서 삭발례를 해 주었다. 이런 식으로 그는 바로 수련기를 시작했다. 가르멜회의 전통에 따른 1년간의 수련생활에 대해서는 별로 알려져 있지 않으나, 당시의 그 수도원이 아주 작은 집이었다는 것은 알 수 있다. 요한의 방은 조그마하여 비좁고 어두컴컴했다. 이 수련 기간 중 요한은 공동체의 규율인 금육·단식·밤새움·고행·기도 등을 철저히 준수했다. 그는 굳은 결의를 하고 헌신적으로 수도생활에 정진했고, 그래서 그의 단순 소박함과 또한 하찮은 일에도 부단히 세심한 주의를 기울이는 조심성 때문에 그를 아는 사람들에게 깊은 감명을 주었던 것 같다.

그런데 그는 가능한 한 언제든지 혼자서 지내려 했다. 그에게는 사람들과 함께 지내는 즐거움도 소중했지만, 또 한편으로는 혼자서 조용히 지내지 않으면 안 되었다. 생활의 이러한 양면성은 그의 인격과 영성생활의 성숙에 있어서 중요한 두 가지 차원을 형성하고 있었다. 요한이 침묵과 고독을 너무 좋아했기 때문에 함께 사는 형제 수사들은 그를 기묘한 사람으로 여겼다. 이렇듯 엄격한 그는 형제들과 떨어져 지냈으므로 사실상 공동체와 어울리지 않은 셈이었다. 그래서 형제들은 그를 칭찬하면서도 한편으로는 그가 지나치게 열성적이라고 생각했다. 이런 초기의 인상 때문에 수년 후 그가 장상이 되었을 때, 많은 수사들은 그의 지나친 엄격성을 예견하며 자기들의 장상이 되는 것을 두려워했다. 그러나 예측과는 달리 요한은 이 초기의 엄격함과는 거리가 먼 사람이 되어 있음을 그들은 곧 알게 되었다.

수련 기간이 요한에게는 너무도 빨리 끝나 버렸다. 1564년 5월 21일이 지난 어느 날 서원식이 거행되었다.[10] 바로 그해에 루베오 신부가 가르멜회의 총장이 되었다. 성 마티아의 요한 수사 ― 당시 가르멜 회원들

간에 요한은 이 이름으로 알려져 있었다 — 는 성녀 안나 수도원 원장 베드로 알롱소 루이즈와 요한의 친구이며 병원 책임자인 돈 알롱소 알바레즈 앞에서 가르멜 회원으로서 서원을 했다. 요한의 생애는 새로운 단계로 접어들었던 것이다.

---

[10] Crisogono de Jesús, ocd, *Vida y Obras*, 45.

· 둘 ·

젊은 가르멜 수사와 개혁
(1564~1572)

수련을 마친 젊은 성 마티아의 요한 수사는 멀리 살라망까로 가서, 가르멜 회원들과 새로운 생활을 하기 위해 준비를 더 했다. 1564년도 저물어 갈 무렵 이 가르멜 수사가 그 대학도시에 도착했을 땐, 어느덧 살라망까의 자갈로 포장된 좁은 거리들엔 차가운 겨울바람이 몰아치고 있었다. 스페인의 이 지적 학문의 중심지도 충충한 겨울철에는 별로 반가운 곳이 아닌 것 같았다. 그러나 요한은 이런 기후에 아랑곳하지 않고 이때 자기에게 주어진 수학의 기회를 충분히 이용했다.

살라망까는 새로운 사조와 견실한 학구 분위기로 활기에 차 있었다. 유럽 전체가 이 대학의 활력을 알고 있었다. 비록 라틴어가 공용어로 생각되긴 했지만 스페인 사람들이 자기네 언어에 대해서 지니게 된 새로운 긍지는 라틴어를 밀어내고 있었다. 다이내믹한 격동기를 상징하는 이와 같은 추이는 젊은 문학도들과 철학도들을 자극했다. 그 억양이 조화를 이룬 (스페인 중부 지방의) 까스띨리아어를 학생들은 몹시 사랑했다. 학생들은 자주 이 로만스어로 그들의 노래를 짓곤 했다. 요한도 그렇게 했을까? 아마도 그랬을 것이다. 그는 메디나 델 캄포에 있을 때 자기가 지은 노래로 병자들을 즐겁게 해 주었다. 또한 그가 만년에 까스띨리아 민요[1]를 바탕으로 시를 한 편 썼고, 이곳저곳 여행할 때는 자주 노래를 불렀다는 사실을 우리는 알고 있다. 이곳 살라망까에서 지내는 동안 그는 음악에 관심을 가지게 되었고, 동시에 문학과 스페인어도 좋아하게 되었다. 그는 분명히 당시 그 대학의 시류를 따른 분위기에 깊은 영향을 받은 학생이었다.

7천 명의 대학생들 중 750명만이 신학을 공부하고 있었다. 떠들썩한 소음과 갖가지 색깔이 이 고풍 어린 도시의 뱀처럼 좁은 구불구불한 거리들을 가득 채웠다. 일반 학생들은 수업을 받으러 가면서 서로 농담과 잡담을 하고 희롱을 하면서 시끄럽게 떠들었다. 숙소나 대학 내에서는 규율이 몹시 엄했으므로 촐싹거릴 수 있는 시간은 이때뿐이었다. 학생들의 옷이 참으로 다채로운 색색의 물결을 이루었다. 대부분의 학교들이 학생들에

---

[1] *The Shepherd Boy*, BAC, 943.

게 특유한 색깔의 교복을 입게 했다. 그래서 등하굣길의 거리에는 가르멜 회원들의 하얀 망토, 이 도시에 자체의 학당을 가지고 있는 여러 수도회 형형색색의 수도복, 잿빛·청색·자줏빛 외투를 입은 사람들로 메워졌다. 이와 같은 현란한 색색의 물결은 수업을 끝낸 어느 교수가 돌기둥 옆에서 학생들의 질의에 답할 때에도 마찬가지였다. 매일같이 자기 눈앞에 펼쳐지는 세상사에 대해 더 많이 알고자 부단히 노력했던 요한 수사도 이것저것 캐묻는 이 학생들 가운데 틀림없이 끼여 있었을 것이다.

요한 수사는 대학의 강의도 듣고 또한 도성 밖 토르메스 강 기슭에 자리 잡은 가르멜회 성 안드레아 학당에서도 공부했다. 가르멜 수사들 중 재능 있는 수사들이 대학에 다녔던 것이다. 1564~1565년의 대학 학적부에는 "메디나 델 캄포에서 살라망까에 온 성 마티아의 요한 수사"의 출석 사항이 기록되어 있고, 1567년까지 그는 계속 문과생으로 등록되어 있었다. 1567~1568년에는 사제와 신학자로 기록되어 있었다.[2] 그는 성적이 매우 우수했기 때문에 장상은 그를 학생장으로 임명하여 거기에서 공부하는 다른 형제 수사들을 가르치고 도와주는 책임을 맡겼다. 이런 모든 경험들이

---

[2] Crisogono de Jesús, *Vida y Obras*, 49.

요한 수사의 인격 형성에 도움을 주었다.

성 안드레아 학당 안에 있는 요한 수사의 숙소는 검소했다. 그의 방은 성당 쪽으로 난 작은 창문과 희미한 빛이 들어오는 조그마한 지붕 창뿐인 어두컴컴한 작은 방이었다. 매트리스도 베개도 없이 몇 장의 널판때기가 그의 침대 구실을 했다. 요한은 자발적으로 가르멜회의 엄격한 옛 규율을 따라 생활했다. 메디나 델 캄포에서 그의 엄격한 고행생활이 다른 이들로부터 그를 고립시켰던 것과 같은 현상이 빚어졌다. 개인적인 금욕생활도 하지 않고 공동체의 규칙에도 열심하지 않은 몇몇 수사들은 요한 수사가 너무 심하다고 생각하며 그를 피했다. 요한의 혈기와 열성이 다른 사람들로 하여금 그를 너무 엄격하고 심지어 광적이라고까지 여기게 했던 것이다. 참으로 이상한 일이지만, 이 젊은 시절에 쉽게 빠져 들었던 "천사적 열심주의"로부터 그가 점차 탈피하게 된 것은 살라망까에서 수학했을 때였다. 그가 배운 문학의 멋스러움과 당시 여러 가지 신사조들은 아예 제쳐 놓아야 할 속된 것으로서 요한에게 거부당할 수도 있었다. 그러나 그의 기질은 너무도 강렬하게 이 방향으로 이끌리었다. 비록 이런 것들에서 맛보는 즐거움으로 마음이 편한 것은 아니지만 그는 본능적으로 이런 것들이 나쁘지는 않다는 것을 알았다. 물론 그는 만년에 가서야 현세의 모든 것은 하느님을 사랑하는 법을 배워 가는 과정에 통합되어야 한다는 것을 마음속 깊이 깨달았다. 그렇지만 이 깨달음은 이미 이때부터 요한 수사 안에 뿌리내리고 있었다.

  스물두 살이 되었을 때 그는 자기가 아무리 상냥해지려고 애써도 다른 이에게 냉담한 인상을 준다는 것을 알게 되었다. 그는 말이 없고 의지가 굳은 학구파였다. 사실 그는 아무하고나 잘 어울리는 상냥한 사람은 아니었던 것 같다. 어떤 형제들은 침묵을 지켜야 할 시간에 이야기를 하고 있다가 요한 수사를 보면 재빨리 달아나 버리곤 했는데, 그것은 들켰다 하면 요한 수사한테서 규칙에 대한 짧은 설교를 들어야 할 것이 뻔했기 때문이다. 실제로 다른 수사들은 가능한 한 그를 피했다. 이 사람이 과연 라 부바 병원의 요한이었을까? 틀림없이 그였다. 그러나 그의 마음 자세와 행동은 현실적으로 점점 균형을 잃어 왔다. 아직도 요한 수사는 영성생활을 정신적인 것, 또는 내세적인 것으로만 이해했고, 따라서 현세 생활에 대해서는 엄하고도 모진 태도를 몸에 익혔다. 규칙을 엄격하게 지켜보겠다는 결심 때문에 그는 동료 학생들에게서 애정을 느끼지 못했다. 그는 어느 수련소나 학원에서도 찾아볼 수 있는 극성파로서 거룩해지려는 열망에 가득 차 있으나 한편으로는 그 거룩함에 대한 비인간적인 개념에 얽매인 그런 사람이었다.

그러나 이런 경향은 감수성이 강한 요한의 본성과 너무도 상반되기 때문에 오래 지속될 수는 없었다. 그를 에워싸고 있는 현실세계의 아름다움과 매력은 그를 너무도 강렬히 끌어당기어 그것이 선함을 그는 부정할 수 없었다. 그것은 쉴 새 없이 그를 괴롭혔다. 그래서 그런 그리움을 없애 버리려는 노력으로 마치 금욕적 고행 생활이 그 모든 현세적인 것으로부터 그를 해방시킬 수 있는 것처럼 그는 더욱더 고행에 몰두했다. 아마 그는 의식적으로는 육체적 단련과 단식, 밤새움 그리고 장시간의 기도 등 고행을 통해서 속세에서 벗어날 필요가 있다고 느꼈을지도 모른다. 그러나 그는 무의식중에 자기가 어떻게 육신을 갖추게 되었는지, 그리고 하느님과 하나가 되기 위해서 그것이 얼마나 필요한 것인지 깨달아 가고 있었다. 그가 살라망까에서 보낸 시간은 헛되지 않았다. 그는 생활에서 배운 모든 체험을 하느님께로 나아가는 데 활용했던 것이다.

1567년, 성 마티아의 요한 수사는 충분히 학업을 쌓은 보람이 있어 사제로 서품되었다. 그해 8월 그는 친척들과 어린 시절 친구들 가운데서 첫미사를 봉헌하기 위해 메디나 델 캄포로 돌아갔다. 살라망까에서 메디나 델 캄포까지의 길지 않은 여정도 그에게는 진지한 사색의 시간이 되었다. 그는 오래 전부터 다른 생활양식을 선택할 수 있는 가능성에 대해 깊이 생각해 왔다. 가르멜에서의 생활은 그에게 별로 엄격한 것으로 여겨지지 않았다. 그는 다른 사람들을 비판하지는 않았다. 그저 가르멜회의 규칙이 그에게 요구하는 그 적은 노력보다 더 많은 노력을 원했을 따름이다.

살라망까에서 지내는 동안 그는 은밀한 소망을 품게 되었다. 의심할 여지 없이 그가 자진해서 실천하는 고행으로 말미암아 다른 이들과 거리감이 생긴 것은 이곳에서도 마찬가지였다. 성 안드레아 학당 가르멜 회원들을 거리낌 없이 대할 수 없었기 때문에 얼마간 고독하게 지내지 않을 수 없었다. 자기의 포부와 이상을 함께 나눌 수 없는 공동체 안에서 그가 소외감을 느끼기 시작한 것은 당연한 일이다. 이 소외감은 이미 수련 시절부터 그의 내부에서 자라고 있었다. 이 자그마한 수사는 자기가 속한 가르멜회 공동체 안에 진정한 친구를 가지지 못했으니, 그처럼 민감한 사람에게 있어서 이것은 무거운 십자가가 아닐 수 없었다. 서로 마음을 주고받을 친구가 없다는 것은 틀림없이 그에겐 더할 수 없는 고통이었을 것이다. 그러나 그땐 훗날 보여 준 그 활달하고 다정한 인품이 형성되기 전이었기 때문에 이 작은 "성인"한테 마음이 이끌리는 사람은 거의 없었다. 그는 그의 엄격함 때문에 그러한 환경에서 정상적인 원만한 인간관계를 맺지 못했고, 그의 뛰어난 지적 재능과 학생장으로서의 직책 때문에 오히려 실제로는 형제들과 멀어지게 되었던 것이다. 이렇게 볼 때 첫미사를 드리기 직전까지 카투시안회로 옮기는 문제를 그가 진지하게 숙고한 것은 놀라운 일이 아니다.

요한은 세고비아 근처에 있는 바울라 수도원을 마음에 두고 있었다. 그가 전에 갔을 때 생각한 대로 이곳에서라면 자기가 거룩한 생활을 할 수 있을 것같이 느껴졌다. 이를테면 "세속적 거래"를 끊어 버리고 오직 하느님하고만 조용히 평생을 보낼 수 있을 것 같았다. 공동생활은 별로 강조되지 않으니, 정말로 행복할 것같이 생각되었다. 쓸데없이 인간관계에 신경 쓸 필요도 없고, 오롯이 하느님께만 헌신할 수 있을 것 같았다. 하지만 라 부바 병원에 있을 때는 환자들에게, 그리고 성 안드레아 학당에서는 학생들에게 자신을 완전히 내주었던 그 젊은이가 하느님을 위해서라 할지라도 모든 관계를 끊고 혼자 지낼 수 있을까? 어쩌면 바로 이때에 그는 이 하느님이 무한히 먼 저 세상에만 계시지 않다는 것을 알았을 것이다. 정녕 하느님은 변함없이 우리가 필요할 때면 언제나 우리 곁에 계시다는 것이다. 요한이 자기의 장래에 대해 생각하고 있을 때도 틀림없이 이것을 깨닫고 있었다. 바울라 수도원으로 옮기는 것이 옳다고 여기긴 했지만 거기엔 무언가 잘못된 점이 있었다. 메디나 델 캄포로 올 때 같이 온 베드로 오르즈꼬 수사는 요한 수사가 아빌라의 마드레 데레사를 만나 보는 게 좋겠다고 생각했다. 그래서 그는 가르멜회의 역사와 그리스도교 신비주의 역사에 하나의 주요한 사건이 될 그들의 만남을 주선해 주었다.

1567년 8월 14일, 당시 "라 마드레"라 불리었던 아빌라의 성녀 데레사는 두 번째의 (개혁 가르멜) 수녀원을 설립하기 위해 메디나 델 캄포로 왔다. 수녀들을 위한 집을 한 채 마련하는 데 몇 가지 어려운 일들이 있었으나 그럭저럭 해결되었다. 성녀가 성 마티아의 요한 수사를 만났을 때의 사정을 우리가 알 수 있는 것은 성녀 자신이 이에 관한 이야기를 남겼기 때문이다.

> 이 집에 와서 성소를 지키고 성무일도를 교송할 수 있게 되어 비로소 나는 마음이 좀 편해졌습니다. 그동안 친절하신 저 안또니오 원장신부님께서 숱한 고생을 하시면서 힘을 다해 집 수리를 서두르셨지만 다 끝내는 데는 두 달이 걸렸습니다. 그 후 그곳에서 수년간 아무 지장 없이 살 수 있었고, 나중에는 주께서 모든 일을 더 좋게 안배해 주셨습니다. …
>
> 그러는 동안에도 나는 여전히 남자 수도원을 생각하고 있었습니다. 이미 말한 대로 수사님들이 없어 나는 어찌할 바를 몰랐습니다. 하루는 아무도 모르게 은밀히 성녀 안나 수도원장께 이야기하고 그 의견을 물어보았습니다.

그랬더니 원장신부님은 퍽 기뻐하시면서 자기가 첫 번째 개혁 수사가 되겠다 하시기에, 나는 농담으로 알고 솔직히 그대로 말씀드렸습니다. 물론 그분은 근실하시고 잠심과 고요를 좋아하시며 풍부한 교양을 쌓으신 모범 수도자이지만 내가 보기엔 개혁 수도원에는 어울리지 않는 느낌이 들었습니다. 개혁에 필요한 정신과 엄격함을 갖추지 못했고 건강도 그리 좋은 편이 아니었으며, 고행에도 익숙지 않은 것 같았습니다. 그런데 원장님은 절대로 그렇지 않다고 잘라 말씀하시면서 꽤 오래 전부터 주님은 자기를 더 엄한 생활로 부르고 계시다는 것, 그래서 카투시안회로 갈 결심을 했다는 것, 그 회에서는 이미 승낙했다는 사실 등을 밝혔습니다. 이런 말씀을 듣고 반갑기는 했으나 별로 흡족하지는 않았습니다. 그래서 그분이 약속해야 할 일들을 먼저 시험 삼아 실행해 보도록 얼마 동안 기다려 보자고 부탁드렸습니다. …[3]

그러고 나서 얼마 후 9월인가 10월경에 마드레 예수의 데레사는 요한의 동행자, 베드로 오르즈꼬 수사한테서 성 마티아의 요한 수사에 관한 이야기를 들었다. 그리고 베드로 수사는 그 두어 달간에 그들이 만날 수 있도

---

[3] Teresa de Jesús, *Book of the Foundations,* trans. E.A. Peers, in *The Complete Works of St. Teresa of Jesus*, London: Sheed and Ward 1972, vol.III, 14.

록 주선해 주었던 것이다.

마드레 데레사는 그때 이미 52세로, 가르멜 산의 수도회, 여자 개혁 수도원을 창립하는 일에 오랜 세월 열중해 왔다. 그녀의 이상은 몇 개의 수도원을 세우고 거기에서 수녀들이 자기가 개혁운동을 시작하기 전까지 모두가 지켜 왔던 완화된 규칙 대신에 수도회 초창기의 규칙을 따라 살도록 하는 것이었다. 바로 얼마 전 그녀는 수도회의 총장 빠드레 요한 보티스타 루베오(로시)로부터 몇 해 전에 아빌라에 창립한 성 요셉 수도원에 이어 두 개의 새 수녀원을 더 설립해도 좋다는 허락을 받았었다. 이 두 개의 새 수도원 중 첫째가 메디나 델 캄포 수녀원이었던 것이다. 「창립사」에서 인용한 앞의 발췌문은 그녀가 남자 가르멜 수도원의 개혁에도 고심했음을 보여 준다.

가르멜회의 초창기 회칙은 상당히 엄격한 편이었다. 그러나 수세기가 지나는 동안 열의도 식어가고 수도생활의 역점이 관상에서 사도직 활동으로 옮아감에 따라 차츰 완화되었다. 1432년 교황 에우제니오 4세가 그 회칙을 완화시켰는데 다른 교황들은 이것을 더욱 수월하게 했다. 데레사는 다른 어떤 것보다도 관상 기도와 침묵을 수도생활의 가장 중요한 특징으로 삼았던 초창기 회규로 돌아갈 것을 결심했다. 전면적인 금육재와 9월 14일 — 성 십자가 현양 축일 — 부터 부활 대축일까지 장기간에 걸친 단식재는 데레사의 개혁운동으로 본래대로 다시 지키게 되었다. 개혁의 일부로서 수도복도 바뀌었다. 완화 규칙을 따르던 가르멜 회원들의 우아하고 부드럽고 낙낙한 수도복보다 데레사의 개혁 수녀들과, 후에 참여하게 된 수사들은 보다 거칠고 무거운 천으로 지은, 좀 짧고 빠듯한 수도복을 입도록 했다. 더구나 그들은 완화 규칙에서는 허용되었던 신도 신지 않았다. 그래서 개혁 수사들과 수녀들은 맨발의 가르멜 수사 또는 수녀들로 알려지게 되었고, 다른 이들은 일반적으로 완화 가르멜 회원으로 알려졌다. 수녀들은 봉쇄를 지켜야 하고, 수사들은 강론과 전례 집행, 영적 지도 등의 사도직 활동에 계속 헌신하되 깊은 차원의 관상적 생활양식을 견지해야 한다는 것이 데레사의 개혁 의지였다. 이것이 그녀가 성 마티아의 요한 수사를 만날 무렵 구상하고 있던 미래 설계였다.

약관 25세의 이 젊은 수사는 그 엄격함이 마음에 들어 자기도 그 공동체에 참여하고 싶었다. 그는 마드레 데레사의 지향점에 매력을 느끼지 않을 수 없었던 것이다. 마드레 데레사는 그들의 조용한 만남을 이렇게 서술했다.

> 그리고 얼마 후에 살라망까에서 공부하던 젊은 수사신부 한 분이 우리를 찾아오셨는데 같이 오신 신부 — 베드로

오르즈꼬 — 께서 그분의 생활을 칭송하며 소개해 주었습니다. 이름은 십자가의 요한 수사라 합니다.* 나는 주님께 사례했습니다. 그리고 신부님과 이야기를 나누고 그분에게 무척 호감을 가졌으니, 그분도 안또니오 신부처럼 카투시안회에 들어갈 채비를 하고 있다는 것입니다. 나는 나의 포부를 털어놓고 주님이 우리에게 수도원을 마련해 주실 때까지 기다리도록 간곡히 부탁하는 동시에, 드높은 성덕을 갈망하는 바에야 다른 곳에 가는 것보다 자기 회를 개혁하는 것이 주님을 더 옹골지게 섬기는 것이라고 말했습니다. 신부님께서는 너무 오래 미루지 않는다는 조건으로 승낙했습니다. 이제 함께 일을 시작할 두 분의 신부가 계시니 문제는 이미 해결된 것같이 생각되었습니다. 하지만 원장신부님은 별로 내 마음에 차지 않았습니다. 이 때문에, 또한 일을 시작할 집도 아직 없었기 때문에 나는 얼마 동안 기다렸습니다.[4]

결단력 있는 이 젊은 수사를 개혁 가르멜의 일원으로 맞이할 기대에 그녀는 흥분했다. 요한 수사는 오랜 세월 줄곧 그녀에게 감명을 주었는데, 그렇다고 늘 기분 좋은 감동만 준 것은 아니었다. 그도 그녀만큼 강직하

---

* 당시에는 성 마티아의 요한 수사 — 역자 주.

[4] Teresa de Jesús, *Book of the Foundations*, 14-5.

고 결의가 굳은 사람이었다. 그 당시 그녀가 바로 알아차리지는 못했지만 오래지 않아 곧 자기 맞상대를 만났다는 것을 알게 되었다. 그때까지 그녀가 만나 왔던 다른 남성들은 모두 그녀의 인품과 재능에 무조건 압도되어 존경과 감탄의 눈길로 그녀가 원하는 대로 무조건 따랐다. 그러나 성 마티아의 요한 수사는 달랐다. 그는 자기 견해가 그녀와 일치하건 안 하건 분명하게 그녀에게 알려 주곤 했다.[5] 데레사 스스로 이미 1568년에 요한이 자기를 화나게 하기도 했고 때로는 서로 의견이 맞지 않을 때 논쟁도 했다는 말을 하고 있다.[6] 그런 까닭에 데레사가 요한을 개혁 가르멜의 가장 성실하고 도움이 되는 일꾼인 줄 알면서도 장상으로는 다른 수하 수도자, 천주의 모친의 예로니모 수사(그라치안)를 선택한 것은 놀라운 일이 아니다. 공동체에 대해 매우 진실

---

[5] 요한 수사는 평생토록 일편단심 그녀의 옹호자였다. 데레사가 서거한 후에도 십자가의 요한 수사는 빠드레 도리아에 대항하여 회칙을 더 인도적이고 데레사적인 영감에 맞게 해석하는 데 예수의 안나 수녀 편을 들었다. 그는 개혁 수도원의 설립 문제에 관해서 여러 차례 그녀의 도움과 조언을 청했고, 더욱이 그는 그녀가 바라고 계획한 그 개혁에 온전히 성실했다. 그러면서도 그는 데레사의 생각과 접근 방법들을 조절할 줄도 알았다.

[6] Efren de la Madre de Dios와 Otger Steggink 편, *Obras Completas de Santa Teresa de Jesús*, Madrid: BAC 1976 참조: Epistolario, Carta a D. Francisco de Salcedo, Avila. Carta 13/2, 677. 예수의 데레사 수녀와 십자가의 요한 수사와의 관계에 관한 매우 훌륭한 논술로서는, G. Morel, *Le sens de l'existence selon s. Jean de la Croix*, Paris: Aubier 1961, 79-97 참조.

한 애정을 지닌 이 정열적이고 잘생긴 젊은 사나이는 언제든지 마드레 수녀와 뜻이 맞았기 때문에 그녀의 눈에 유달리 완벽한 인물로 비치었다. 정말 요한 수사는 그녀가 다스릴 수 없었던 유일한 인물이었다. 데레사는 이런 그의 진가를 인정했지만 그의 이상적 견해가 그녀를 곤란하게 할 수도 있는 직위에 그를 앉히고 싶지 않았음은 물론이다. 그럼에도 불구하고 요한 수사는 이 만남의 결과로 개혁 가르멜의 주요한 인물이 되었던 것이다. 그렇지만 처음에는 그의 인생의 이 새로운 전환을 비밀로 해 두지 않으면 안 되었다.

요한 수사는 1567년 11월에 신학을 공부하러 살라망까로 돌아갔다. 그동안 데레사는 다른 수도원들을 설립하고 또한 개혁 가르멜 수사들이 살 새로운 집 한 채를 마련하느라고 바빴다. 1568년 5월, 세뇨 라파엘 메쟈가 아빌라에서 그리 멀지 않은 두루엘로에 있는 "집" 한 채를 그녀에게 기증했다. 6월 말경 데레사는 수녀 한 분을 동반하고 그 집을 보러 갔는데 25마일의 여행과, 그리고 자기가 본 바에 대해 그녀가 묘사해 놓은 것은 주목할 만하다.

> 우리는 아침 일찍 떠났습니다. 생소한 노정이라 길을 잃어 헤매기도 했고 게다가 그곳 — 두루엘로 — 은 별로 알려져 있지 않아서 우리에게 길을 가르쳐 줄 만한 사람도 찾

지 못했습니다. 강렬한 뙤약볕에 시달리며 하루 종일 몹시 답답한 기분으로 힘겨운 여행을 했습니다. 이제 그 마을 가까이 왔다고 생각하면 다시 아득한 길을 가야 했습니다. 그 에움길의 길고도 지루한 여행의 고달픔이 잊혀지지 않습니다. 그럭저럭 우리는 땅거미가 깔릴 무렵에야 겨우 당도했습니다. 그 집 안에 들어가 보니 너무나 너절하여 입이 다물어지지 않을 정도였고 타작꾼들이 욱시글거려서 도저히 거기서는 밤을 지낼 수가 없었습니다.

우리 수도원이 될 그 건물은 꽤 큰 문간방과 두 칸으로 된 방 하나, 그 위에 다락방이 하나 그리고 작은 부엌, 이것이 전부였습니다. 나는 문간방은 성당으로 쓸 수 있고, 다락방은 가대소로 안성맞춤이고, 수사들은 그 아래 방에서 잘 수 있으리라 생각했습니다. 그러나 동행한 수녀는 나보다 훨씬 훌륭한 인품에 대단한 극기 정신을 가졌는데도 그곳을 수도원으로 정하려는 내 생각을 지지할 수 없어서 "어머니, 그 아무리 열심한 영혼이라도 이런 데서 지낼 수야 있겠습니까? 못하실 겁니다. 그만두십시다" 하고 말했습니다. 동행한 신부님도 같은 의견이었습니다만 내가 해 보겠다는 구상을 말씀드리니 반대하지는 않으셨습니다. 성당에 가서 밤을 새웠습니다. 무척 피로해서 밤을 새울 마음이 내키지 않았습니다만 ….[7]

---

[7] Teresa de Jesús, *Book of the Foundations*, 62-3.

이 을씨년스러운 헛간 같은 집이 성 마티아의 요한 수사에게는 새로운 "집"이며 개혁의 시작이 될 곳이었다. 그러나 우선 요한 수사는 자기가 곧 참여하게 될 그 공동체의 새로운 정신에 관해서 데레사와 얘기를 나눌 필요가 있었다.

  1567년에서 1568년까지는 요한에겐 긴 기다림의 한 해였다. 1567년 10월 말경 그는 마드레 수녀를 한 번 잠깐 만났을 뿐. 그 후 마드레는 개혁 일을 조정하기 위해서 메디나 델 캄포를 떠나야 했던 것이다. 그녀가 떠남으로써 요한과 안또니오는 살라망까로 돌아가기 전 며칠 동안 여가를 가질 수가 있었다. 그 시간을 이용하여 그들은 개혁의 성공을 기약하며 서로의 포부를 토론하고 장차 동참하게 될 생활을 설계했다. 그들은 나이도 성격도 달랐다. 요한 수사는 내향적이고 말수가 적은 반면에 안또니오 수사는 사교적이며 수다스러웠다. 차차 이야기를 나누면서 초창기 규칙을 따라 살겠다는 이상이 그들 두 사람에게 기쁨을 더해 준다는 것을 알게 되었다. 모든 것으로 미루어, 그들은 두 사람 다 자기들이 새롭게 맺은 교우 관계에서 도움을 받아야 한다는 것을 알았다. 둘이 나눈 대화와 그들이 마드레와 함께 나누었던 대화는 요한 수사가 살라망까에서 지낸 그해 내내 그의 머리를 떠나지 않았다. 당분간 그들의 계획은 비밀에 붙여 두기로 했다.

요한 수사는 성실하고 의지가 굳은 사람이었으므로 신학 공부에 몰두했다. 살라망까의 교수들은 이 자그마한 수사가 아주 이상적인 모범생임을 알아보았다. 그는 교수의 가르침을 그저 단순히 받아들이기만 하는 학생이 아니었다. 그는 제시된 개념들을 곰곰이 고찰하고 원본들을 찾아내어 면밀히 연구하곤 했다. 이같이 여러 해에 걸쳐 몸에 익은 진지하고도 꼼꼼한 그의 학습 자세는 기도의 한 형태가 되었다.

요한은 개혁에 착수할 날을 고대하면서 흥분 속에 살라망까에서의 마지막 해를 보냈다. 수도원 은둔소의 아담한 외관이 더는 매력적이지 않았다. 자신에 대한 회의가 미래를 향한 그의 기대에 어두운 그늘을 드리웠다. 과연 자신이 그런 생활을 해낼 만큼 강인한가? 이것은 진실로 하느님께서 원하시는 일인가? 아니면 자기 자신의 뜻인가? 자기 도피에서 이러는 것은 아닌가? 이런 의문들에 줄곧 시달리곤 했다. 그러나 그때마다 그는 이러한 의문들을 진지하게 숙고했다. 상황은 그러했지만 그런 의혹들이 마음속의 확신, 즉 이 길이야말로 분명 자기가 걸어가야 할 길이라는 그 확신을 무너뜨리지는 못했다. 그는 자기에게 가장 합당한 길이라고 마음속 깊이 느꼈던 것이다. 요한이 만 26세가 되던 해인 1568년 여름, 그가 다시 메디나 델 캄포에 돌아왔을 때까지도 그는 이 신념을 고수하고 있었다.

1568년 7월 1일, 말라곤을 떠나 메디나 델 캄포에 도착한 마드레 데레사는 그녀가 본 대로 두루엘로의 을씨년스러운 사정을 요한 수사와 안또니오 수사에게 상세히 알려 주었다. 하지만 그것이 그들의 기를 꺾지는 못했다. 그들은 그토록 오래 기다려 온 새로운 생활에 자기들이 온전히 헌신할 수 있도록 수도원 설립이 속히 진척되기를 바랐다. 그렇지만 이 모험적 생활을 시작하기 전에 몇 가지 사소한 문제들을 해결해야 했다. 그런데 이렇게 지연된 것이 오히려 요한 수사에게는 앞날을 위해 더욱 집중적으로 준비할 수 있는 시간을 벌어 주었다.

다른 몇 사람과 함께 발라돌리드로 떠나기에 앞서 한 달 동안 그와 마드레 데레사는 개혁에 관해서 의논했다. 이때 그들은 데레사가 시작한 개혁운동의 기본 정신을 검토했는데, 요한 수사는 마드레 수녀의 활동과 큰 희망을 뒷받침하는 중요하고도 근본적인 추진력을 어느 정도 통찰할 수 있었다. 발라돌리드에 또 다른 수녀원을 설립하기를 바라는 마드레 데레사의 소망에 따라 그들이 메디나 델 캄포를 떠나서 발라돌리드로 가던 28마일의 긴 여정에서도 이러한 열띤 논의는 계속되었다.

그들 일행의 작은 그룹은 여섯 명의 수녀와 곧 입회하려고 하는 어린 소년 한 명, 요한 수사와 마드레 데레사 그리고 성 요셉 수도원 — 마드레 데레사가 아빌라에 창립한 첫 번째의 맨발 가르멜 수녀원 — 의 지도 신부로 구성되어 있었다. 그들은 각자 마드레 데레사가 정해 준 대로, 침묵과 기도 시간을 가지고, 그들이 맨발 가르멜 회원으로서 앞으로 살아갈 새로운 생활양식에 관해 논의하면서 단기 수련을 받았다. 이 수련은 두루엘로에 세워질 새 수도원의 설립 허가를 받을 때까지 몇 주간 계속되었다. 요한 수사에게는 이 기간이 그 후 23년간 그가 살아가게 될 완전히 새로운 생활양식으로 접어드는 입문 시기가 되었다.

두루엘로

새 생활을 시작하는 데 필요한 몇 가지 물건과 서류들을 챙긴 요한 수사는 1568년 9월 초에 발라돌리드를 떠나 아빌라로 갔다. 그곳에서 오래 머물지 않고 곧 그리스도의 요셉이라는 평수사와 함께 요한 수사는 두루엘로로 향했다.

비록 공식적으로 맨발 가르멜 회원으로서의 서원을 하지는 않았지만, 마드레 수녀와 수녀들이 만들어 준 수도복을 입은 요한 수사는 어엿한 맨발 가르멜 수사처럼 보였다. 키는 작았지만, 발이 굵은 천으로 만든 짙은 밤색 스카풀라와 성의 위에 가르멜 수사들을 아는 이들에겐 눈에 익은 하얀 망토를 걸친 그의 모습은 인상적이었다. 그의 거무스름한 피부, 길쭉한 코, 야윈 얼굴에 벗겨진 이마가 그의 고복과 아주 잘 어울렸다. 그와 그 평수사가 맨발로 그들의 새로운 집을 향해 걸음을 옮길 때마다 허리띠에 찬 묵주가 잘가닥거렸다.

두루엘로에 도착한 그들은 모든 게 마드레가 말한 것과 조금도 다르지 않다는 것을 알게 되었다. 사는 사람도 별로 없는 황량한 고장이었다. 추수가 이미 끝난 주변의 들판은 먼지투성이로 잿빛이었다. 그들이 수도원으로 쓸 건물은 집이라기보다 쓰러져 가는 헛간이나 다름없었다. 처음 마드레 수녀와 같이 왔던 수녀가 이 두루엘로를 보고는 이런 곳에서는 아무도 살지 못할 거라고 말한 것은 요한 수사의 강인함과 결단력을 몰랐기 때문이었다. 하긴 요한조차도 그곳의 형편에 당황했을 것이다. 다 찌그러져 가는 그 집은 지저분하기 짝이 없었다. 손을 대야 할 곳이 많았다. 늘 그렇게 깔끔한 걸 좋아했던 요한 수사는 이런 **폐허**에 처음 들어섰을 때 본능적인 혐오감을 느꼈다. 그렇지만 더럽고 허름한 집 따위 **하찮은** 일로 인해 기가 꺾이지는 않았을 것이다. 두 신참 수사는 즉시 쓸고 닦고 판자에 못질을 하며 건물 전체를 수리하기 시작했다.

그러나 그들이 집을 아주 개축하려고 한 것은 아니었다. 먼지를 털고 마룻바닥을 닦고 벽들을 손봄으로써 우선 건물의 뼈대만 마련했을 뿐이다. 방들을 새로 만들어야 했고 그들의 생활양식에 어울리는 몇 가지 설비도 마련해야 했다. 요한 수사를 잘 알고 그의 만년에 함께 지낸 어떤 사람이 이 두 수도자가 그 집을 어떻게 수리했는지를 기술하고 있다.

> 그 집은 문간방 하나와 다락이 붙어 있는 2인용 방과 자체의 입구를 가진 작은 부엌이 하나 있을 뿐이었다. 그들은 그 집을 다음과 같이 개조했다. 문간방은 성당으로 꾸몄다. 다락이 달린 방은 공동침실로 쓰고 성당 가까이에 두 개의 참회소 자리를 남겨 두었다. … 그들은 침실에 그들의 잠자리를 마련했는데 그것은 좋건 나쁘건, 마룻바닥에 밀짚과 헌 담요 한 장을 깔아 놓은 것에 불과했다. 그들은 나무토막을 베개로 사용했고 이밖에 짚을 쑤셔 넣어서 거친 천으로 만든 베개도 두세 개 있었다. 그들은 부엌을 두 부분으로 나누었다. 한쪽은 수사들 각자의 깔개를 얹은 탁자를 하나 놓고 식당으로 썼다. … 다른 쪽엔 부엌과 세간들이 있었다. 다락방은 가대소로 만들었다. … 그렇지만 눈이 내리면 다락방 안으로도 눈이 떨어졌다. …[8]

---

[8] Fray Alonso de la Madre de Dios, *Vida, virtudes y milagros del santo padre Fray Juan de la Cruz, maestro y padre de la Reforma de la Orden de los Descalzos de Nuestra Señora de Monte Carmelo*, BNM Ms. 13460, folios 23-4.

이 낡은 헛간을 수도원으로 만들어 쓰는 데는 힘든 작업과 많은 시간이 필요했다. 요한 수사는 그 헛간이 무엇으로 바뀌었는지 사람들이 잘 알아보게 할 요량으로 집 앞뜰에다 커다란 나무 십자가를 세워 놓고 또 앞문에도 십자가를 달아 놓았다. 요한 자신이 성수반 위에 붙여 놓은 작은 종이십자가를 포함하여, 새로 수리한 이 작은 헛간 곳곳에 많은 십자가가 비치되었다. 그들은 자기들의 삶이 스승을 본받아서 하느님과 세상을 위해 스스로 희생하는 삶이 되기를 바랐다. 그들의 목표는 세상과의 인연을 끊는 죽음이라기보다는 오히려 하느님께서 창조하셨고 사랑하신 이 세상에서 살아가며 하느님을 사랑하지 못하도록 방해하는 일체의 것을 포기하는 데 있었다. 요한 수사의 생각에 피조계의 모든 것은 인간이 점차 깊이 하느님을 이해해 가는 자유에의 과정에서 각기 제 나름의 역할을 하는 것이었다.

두 가르멜 형제는 일을 하고 기도를 드리면서 자기들의 수도원이 정식으로 축성되기를 기다렸다. 축성식은 1568년 11월 28일에 거행되었다. 관구장 알롱소 곤잘레즈가 그 전날 맨발 수사들의 이 새 공동체에 가입할 안또니오 수사와 함께 왔던 것이다. 이미 개혁 수도복을 입고 있는 요한 수사를 본 관구장은 요한이 자기를 기다리지 않았다는 사실에 실망해 마음이 언짢았다. 그러나 한자리에 모여 새로운 모험의 시작을 공적으로 다

짐하는 성찬례를 거행했을 때 그의 실망과 노여움은 이내 사라져 버렸다.

미사 끝에 관구장 주례로 요한 수사와 안또니오 수사 그리고 요셉 수사는 자기들이 그때까지 지켜 왔던 완화 규칙을 포기하고 초창기 규칙을 따라 살 것을 선서했다. 이것은 새로운 출발이었다. 그 표징으로서 그들은 새로운 이름을 가지기로 했다. 이때부터 성 마티아의 요한 수사는 십자가의 요한 수사로, 안또니오 헤레디아 수사는 예수의 안또니오 수사로 불리게 되었다. 요셉 수사와 또 다른 두 명도 이 공동체에 가입했다.

다섯 사람으로 이루어진 이 공동체는 이제 새로운 규칙을 따라 생활하기 시작했다. 안또니오 수사가 원장으로, 십자가의 요한 수사는 수련장으로 임명되었다. 침묵이 그들 생활의 중심이었고, 특히 끝기도 — 밤기도 — 와 1시과 사이에 그러했다. 이것은 그들이 직접 실행하며 발전·심화시키고자 한 관상생활의 분위기를 마련해 주었다. 그들은 개인 기도와 혼자서 주님의 말씀을 묵상하는 데 많은 시간을 보냈다(이것은 매일 공동으로 바치는 두 시간의 내적 기도 — 묵상 — 에 덧붙여졌다). 또한 성 십자가 현양 축일(9월 14일)부터 부활 대축일까지 정기적으로 단식했다.

십자가의 요한 수사에게는 기쁨과 평화가 넘치는 시기였다. 그에게는 모든 일이 더할 나위 없이 잘되어 가는 것같이 보였다. 그러니 어떻게 그보다 더 깊은 관상 생활을 상상할 수 있었겠는가? 요한 수사는 두루엘로에서 지내는 동안 새로운 시작의 기쁨을 누리고 있었다. 밭에 나가서 일을 하거나 기도를 드리거나 혹은 인근 마을에 가서 설교를 하거나 모든 일이 완전한 조화를 이루어 나가는 것 같았다. 그는 이 모든 일에 하느님이 관여하심을 알았지만 그것이 하느님 자신과 같을 수 없다는 것도 알고 있었다. 멀지 않아서 요한 수사는 이 사실을 더 잘 깨닫게 될 것이다.

수도원을 찾아온 방문객들은 초라한 수도원에서 살고 있는 이 수도승들을 보고 감동했다. 1569년 초 잠깐 그곳을 방문했던 마드레 수녀의 이야기 속에서 그 당시의 분위기를 느낄 수 있다.

> 다음 해 사순절에 나는 수도원 창설차 똘레도에 가는 길에 거기에 들렀습니다. 이른 아침에 도착했는데 안또니오 신부께서 여느 때처럼 기쁜 얼굴로 성당 입구를 쓸고 계셨습니다. "아이구, 신부님, 뭐하시는 겁니까, 체면이 말이 아닙니다"라고 하니 쌓이고 쌓인 행복을 감출 수 없다는 표정으로 "그 따위를 문제 삼던 때가 저주스럽습니다" 하고 대답하셨습니다. 성당에 들어서자 주님이 마련하신 경건한 분위기에 나는 감탄해 마지않았습니다. 나 혼자만 감탄한 것이 아니라 내 친구로 메디나에서 이곳까지 함께

온 두 분의 상인도 그저 흐느낄 뿐이었습니다. 얼마나 많은 십자가와 해골이 여기저기 눈에 띄었는지! 성수대 위의 작은 나무십자가는 잊혀지지 않습니다. 그리스도의 모습을 그린 종이쪽지를 붙였는데 그 어떠한 예술품보다도 큰 신심을 불러일으키는 것 같았습니다. 가대소는 다락방이었는데 가운데가 꽤 높아서 겨우 성무일도를 읊을 수 있었지만 미사 참례를 하러 들어가려면 몸을 푹 굽혀야만 했습니다.

성당 양편 구석에는 두 개의 작은 은둔소가 있었는데 그곳은 매우 추워서 건초를 잔뜩 깔아 두었고 그 안에서는 앉거나 누울 수밖에 없었습니다. 지붕이 머리가 닿을 정도로 낮았기 때문입니다. 은둔소에는 제단이 바라보이게 작은 창문이 하나씩 달렸고 또한 베개 대용의 돌 한 개씩과 그 위에 십자가와 해골이 있었습니다.[9]

이 검소하고 가난한 생활은 다른 어떤 것도 그들에게 주지 못하는 기쁨을 안겨 주었다. 기도와 하느님의 일에 전념하면서 그들은 말할 수 없는 기쁨 가운데 생활했다. 그들의 영적 해방의 표징인 십자가를 어디서나 볼 수 있어, 그들이 이런 새로운 생활양식 속에 어떻게 성숙해 나갈 것인지를 일깨워 주었다.

---

[9] Teresa de Jesús, *Book of the Foundations*, 66-7.

가족들이 이곳에서 살게 된 것이 요한 수사의 기쁨을 더해 주었다. 예뻬 가족들이 나누는 그 친밀한 정분을 가로막는 것은 아무것도 없었다. 오히려 가족 중 막내가 이러한 새로운 형태의 생활을 시작했다는 사실이 그 가족들을 더 가까이 어울리게 했다. 그래서 두루엘로가 첫 번째 개혁 수도원이 되자 즉시 십자가의 요한 수사의 어머니와 형과 형수는 함께 지내려고 이곳으로 왔던 것이다. 요한의 어머니는 그 초라한 수도원에서 식사를 준비하고 형수는 아마포와 옷가지들을 세탁하는 일을 맡고, 그의 형 프란치스꼬는 수도원 방들을 청소하고 정돈했다.[10] 이렇게 살면서 몹시 궁색할 때는 생활필수품들을 제공받기도 했다. 요한 수사는 그들이 편안히 살 수 있도록 언제나 애정 어린 배려를 해 주었다. 더욱이 그들이 그의 곁에 함께 있다는 그 사실만으로도 그에게는 큰 의미가 있었다. 어머니와 형에 대한 그의 극진하고 한결같은 사랑은 모든 이에게 감명을 주었던 것이다.[11]

---

[10] José Gomez-Menor Fuentes, *El linaje familias*, 13에 인용된 BNM Ms. 8568, fol. 371 참조.

[11] 다음 구절을 읽을 때, 어머니와 형에 대한 요한 수사의 이 애정을 잊지 말 것. "근친이든 아니든, 모든 이를 같이 사랑하고 같이 잊어라. 다른 사람들과 똑같이 근친에 대해서도 정을 떼라. 어떤 의미로 근친 간의 살아 있는 애정 때문에, 완전한 영성을 위해 늘 억제되어야 할 자연적 애정 때문에 살과 피가 활기를 띨까 두렵기조차 하다." *The Precautions* 6, BAC, 948.

안또니오 수사와 십자가의 요한 수사는 사람들에게 하느님의 말씀을 설교하기 위해서 인근 마을로 나가곤 했다. 요한 수사는 형 프란치스꼬가 수도원에 있을 때는 이 사도직에 자기 형을 동반하기도 했다. 꽤 먼 거리까지 나갔을 경우엔 집으로 돌아오는 길에 시냇가나 길가에 앉아서 준비해 간 조그마한 빵덩어리를 나누어 먹곤 했다. 때때로 그 지역의 본당 주임 사제가 사제관에 가서 식사를 함께 하자고 그들 두 사람을 초대했다. 그럴 때마다 요한 수사는 공손히 그 청을 거절하고 제 갈 길을 갔다. 왜 그러느냐고 물으면 온화하지만 확고하게 요한 수사는 "제가 하느님과 당신 백성을 위해 봉사한 대가를 받는 것은 좋은 일이 못 됩니다"[12]라고 대답하곤 했다. 그의 설교는 그 자신의 온유함을 그대로 드러내고 사람들에게 용기를 주어 그들이 믿는 바를 생활로 실천하게 했다. 그는 사람들이 예수께서 그들 생활의 중심이 되어야 하며 따라서 어떤 사람도, 어떠한 사물도 그들의 마음 안에서 예수님의 자리를 대신할 수 없다는 것을 깨닫기를 바랐다.[13]

---

[12] José de Velasco, *Vida virtudes y muerte del Venerable Varon Francisco*, 88.

[13] 필요에 따라서 그는 『가르멜의 산길』(*The Ascent of Mount Carmel*)에 있는 말들과 비슷한 이야기들을 그들에게 했을 것 같다. "하느님께 문의한다든지, 어떤 시현이나 계시를 받고 싶어 한다든지 하는 사람은 어리석은 짓을 할 뿐 아니라 그리스도께로 온

어떤 주제로 설교하든 요한은 청중들에게 감명을 주었다. 그가 전해 주고자 하는 그 진실이 좀 특이하게 느껴졌다고 사람들은 종종 얘기했다.[14] 그들은 그저 말을 들은 것이 아니라 그가 말하는 일에 자기들도 실제로 동참하고 있다는 느낌을 가졌다. 이런 느낌을 주려면 설교하는 사람이 자기 안에서 하느님을 활동하시게 해야 한다. 십자가의 요한 수사는 이러한 은사를 부여받은 사람이었다. 그렇지만 사람들의 찬사가 매우 거북하게 여겨졌기 때문에 그는 사람들의 그런 칭송을 듣지 않으려고 설교가 끝나는 대로 즉시 남몰래 그 자리를 떠나 버리곤 했다. 수도원으로 돌아오는 길도 떠날 때

전히 눈길을 모으지 않고 다른 색다른 것을 바라기 때문에 하느님을 성나게 해 드리는 것이다. 하느님은 다음과 같이 대답하실 것이다. '나는 이미 나의 아들인 나의 말을 통해서 모든 것을 말해 주었다. 내가 다른 말을 가지고 있지 않은데 이보다 더한 무엇을 대답해 주고 계시해 줄 수 있겠느냐? 오직 그에게로만 눈길을 모으라. 그를 통해서 나는 모든 것을 말하고 계시했으니 네가 구하고 바라는 것 그 이상으로 그에게서 얻을 것이다. …'"(『가르멜의 산길』 제2권 22,5). 이 당시의 설교 사본이 남아 있지 않은 것은 참으로 애석한 일이다. 그러나 우리에게 전해지는 그의 금언은 마을 사람들을 깊이 감동시킨 이런 설교 중 어느 것의 기초가 되었을지도 모른다. "모든 것에 죽을 줄 아는 이는 모든 것에 생명을 가질 것이다"(*Other Counsels*, BAC no.169). "불평을 터뜨리고 군소리하는 이는 완전하지도 못하고 옳은 그리스도인도 아니다"(*Other Counsels*, BAC no.171). "그대의 말은 누구의 감정도 상하게 하는 일이 없도록 하고 모든 이에게 알려져도 후회되지 않을 말을 하라"(*Maxims*, BAC no.150).

[14] Alonso de la Madre de Dios, *Vida, virtudes*, I, 18과 20, fol. 62와 70.

와 마찬가지로 조용한 명상과 기도의 시간이었다. 하지만 그렇다고 십자가의 요한 수사가 눈을 내리깔고 엄숙한 표정으로 까스띨의 포장되지 않은 길을 터벅터벅 걸어갔다는 뜻은 아니다. 수도원 밖에서 이렇게 잠시 나다닐 때에도 세상은 기도하도록 부르고 또 그런 기회를 마련해 주었다. 요한이 밖에서 본 것은 그로 하여금 하느님이 자기의 내부 깊은 곳에서뿐 아니라 자기 역시 그 일부로 느껴지는 세상 온 누리 안에도 현존하여 계시다는 것을 의식하게 해 주었다. 요한의 하느님은 창조하시는 하느님이었고 시간 속에 즐거이 현존하시는 분이었다. 두루엘로에서 지내는 동안 십자가의 요한 수사는 가르멜의 규칙을 그대로 실천했다. 생활의 매 순간 의식적으로 규칙을 육화시켜 나간 그 노력이 그를 맨발 가르멜의 성자聖者로 만들었던 것이다.

만세라 파스뜨라나

십자가의 요한 수사는 일 년 남짓 두루엘로에서 지내며 일을 했지만 이 목가적인 환경에서 언제까지나 머물러 살 수는 없었다. 1570년 6월에 두루엘로 공동체의 모든 식구는 만세라 데 이바조로 이사를 했다. 새 지원자들이 오는 바람에 두루엘로의 집이 너무 비좁게 되자 어떤 부자가 두루엘로에서 3마일 정도 떨어진 이 집 한 채를 맨발 가르멜 수사들에게 기증했던 것이다. 공동체가 만세라로 옮겨 온 후에도 요한 수사는 얼마 동안 수련자들을 계속 지도했다. 그러나 오래지 않아서 맨발 가르멜 수사들의 다른 공동체에서도 그의 재능을 필요로 하게 되었다.

지방 주민들의 자선에 힘입어 수사들은 1569년 파스뜨라나에 다시 수도원 하나를 세울 수가 있었다. 마드리드에서도 별로 멀지 않고 파스뜨라나에서도 동남쪽으로 35마일 정도밖에 안 되는 알칼라 데 헤나레 읍내의 대학 학생들이 이곳 수도승들의 관상생활에 관한 소문을 듣게 되었다. 그들 가운데는 깊은 인상을 받고 수도자들과 함께 살기를 원하는 사람도 많았다. 1570년 10월에 수도 공동체는 요한 수사에게 파스뜨라나를 잠시 방문하여 그곳에다 수련소를 만들도록 요청했다.

파스뜨라나로 가는 여행은 십자가의 요한 수사를 좀 더 깊이 이해하는 데 중요한 몇 가지 사실들을 우리에게 제공해 준다. 로스 안젤로의 베드로 수사가 그와 동행했다. 벌써부터 불기 시작한 가을 바람으로 싸늘히 냉각되어 있는 먼지투성이의 길을 걸어가면서 요한 수사는 베드로 수사에게 인생에 관해서 하느님과 세상에 관해서 약간의 잠언, 즉 간결한 깨우침 말들을 들려주었다. 그것은 사실상 요한 수사가 그 자신의 생활에서 터득한 격언처럼 들렸다. 그런데 더욱 흥미 있는 것은 두 수사가 길을 가면서 돈과 음식을 구걸했다는 사실이다. 그렇지만 그들 자신을 위해서 동냥을 한 것은 아니었다. 그들은 모은 돈을 가는 길에서 만나는 가난한 사람들에게 나누어 주곤 했다. 그뿐 아니라 그들은 검소한 생활을 하려는 자기들의 이상에 맞게 언제나 아주 누추한 집이나 헛간에서 잠을 잤다. 누가 그들에게 밤을 지내거나 쉬어 가기에 좋은 번듯한 자리를 제공하더라도 요한 수사는 점잖게 그 제의를 거절했다. 그는 가난에 대해서와 마찬가지로 남을 위한 봉사에 있어서도 매우 현실적인 의식을 지니고 있었다. 그는 자기 주변에서 만나는 또 한평생 살아가면서 알게 된 수많은 가난한 사람들과 늘 함께 나누기를 원했다. 그는 실제적으로 이렇게 수도 청빈으로 나아갔지만 그렇다고 다른 이들에게 자기의 모범을 따르도록 강요하지는 않았다. 그들은 수도원을 떠나 여행할 때는 제공되는 음식이나 편안한 잠자리를 자유롭게 받아들일 수 있었다. 그렇지만 요한 수사는 청빈을, 수도자들이 그들과 스페인의 억눌린 사람들이나 가난한 사람들 사이에 놓인 사회적 장벽을 헐어 버리는 수단으로 생각했다. 요한 수사는 그 자신의 다소 엄격한 생활양식을 통해 늘 가난한 사람들과 마음 편하게 지내며 세상을 여유 있게 살아가는 자유를 누렸다. 그의 관상생활은 이 세상 밖에서 영위되지 않았다. 그것은 세상에 대한 진정한 사랑 위에 기반을 두고 있었다. 그 시대 많은 사람들은 가난한 이들을 위해서 단순히 기도를 바쳤을 뿐이지만 요한 수사는 그들을 위해서 실제로 무엇인가를 했던 것이다.

파스뜨라나에 도착하자마자 요한 수사는 일을 시작했다. 두루엘로와 만세라에서 얻은 경험을 살려 수련소를 만들고 아순시오의 가브리엘 수사가 수련장 소임을 잘할 수 있도록 준비시켰다. 모든 것이 자리 잡혔다고 생각되었을 때 그와 그의 동반자는 만세라로 되돌아갔다. 그들이 파스뜨라나에서 머문 기간은 겨우 한 달 정도였으나 맨발 가르멜 수사들의 이상을 진작시키는 데 필요한 구조들을 확립하는 데는 충분했다. 그는 1571년 4월까지 만세라에 머물렀다.

그런데 맨발 가르멜회는 요한 수사를 알칼라 데 헤나레의 성 시릴로 대학 학장으로 보냈다. 그는 수사들이 맨발 가르멜의 원초 규칙을 따라 생활할 수 있도록 대학 내에 기숙사를 마련했다. 그러나 1572년 이른 봄에 그가 신중히 처리해야 할 일이 생겨 파스뜨라나로 되돌아가야만 했다.

이때 그곳의 수련장은 성 가브리엘의 안젤로 수사였다. 그런데 그는 수련자들한테 지나친 엄격함과 분별없는 요구들을 짊어지워 수도원을 혼란에 빠뜨렸을 뿐 아니라 읍내 주민들조차 수사들을 조소하고 싫어하게끔 만들고 말았다. 안젤로 수사는 수련자들이 자기 명령에 무조건 복종하기를 바랐다. 그들의 순명을 시험해 보기 위해서 그는 그들에게 부대조각을 걸치고 읍내를 돌아다니며 미친 사람 흉내를 내도록 지시하곤 했다. 이 소행으로 주민들은 그들과 수도 공동체에 대해 냉소적이 되었다. 안젤로 수사는 또 수사들에게 읍내 사람들을 수도원까지 끌고 오라는 명령을 내렸다. 이내 소문이 퍼져나가 지원자들이 차츰 줄어들었고 몇몇 수련자들은 실제로 수도원을 떠나고 말았다. 사태를 바로잡지 않는다면 맨발 가르멜 수사들의 새로운 공동체들에도 좋지 않은 영향을 끼칠 수도 있었다. 그래서 장상들은 십자가의 요한 수사에게 진상을 조사해 잘못된 점을 바로잡으라고 했다.

파스뜨라나에 도착하자마자 요한 수사는 안젤로 수사가 수련자들에게 명했던 극단적인 고행을 시정하기 시작했다. 그러나 그는 이 작업을 대단한 외교적 수완으로 해 나갔다. 그는 기도와 은둔생활에 역점을 둔 최초의 회규를 따라 사는 수도승 생활의 참된 가치에 관해서 공동체 회원들에게 부드럽게 이야기했다. 그런 다음에 그는 뒤바꾸는 일에 착수했다. 수도원 밖에서 행해지던 터무니없는 모든 고행들을 중단시키고 수도원 안에서 실천하는 고신극기와 금욕행위 등을 조절했다. 요한 수사는 오직 하느님께 대한 진실된 사랑과 봉사를 위해 개개인을 자유롭게 해 줄 수 있는 수도행위에만 관심을 기울였다. 요한의 견해에 따르면 이때까지 행한 것들은 하느님과는 아무런 관계 없이 그저 행위 그 자체로 끝나 버린 것이었다. 극진한 배려와 온유함과 확실한 논지를 가지고 십자가의 요한 수사는 초대 가르멜 회원들의 삶을 견실하게 시작할 수 있는 건전한 환경을 다시 조성했다. 이제 그는 새로운 임무에 응할 준비를 갖추고 있었다. 그 임무는 갑작스럽게 끝나고 그의 전 생애에 광채를 더해 줄 경험으로 그를 이끌어 갈 것이었다.

· 셋 · ·

아빌라 . 강생 수도원
(1572~1577)

1572년부터 1577년까지 요한 수사가 정주했던 아빌라는 지금도 16세기 당시와 별로 달라진 데 없이 그대로 남아 있다. 이 요새화된 도시는 멀리 시에라 그로도 산맥을 끼고 수 마일 사방으로 펼쳐진 평원이 눈 아래 내려다보이는 언덕 위에 자리 잡고 있다. 여름에는 고풍 어린 성벽과 성루들이 뜨거운 태양에 맞서듯 웅장하게 버티고 있는 것이 볼만하고, 가을에는 시내 성당과 가옥들의 붉은 기와지붕들이 이 경이로운 중세 도시의 불타는 듯한 경관을 더 아름답게 해 준다. 이러한 건축물들은 강한 힘과 뛰어난 능력과 굳은 결의를 말해 준다. 바로 이 도시가 맨발 가르멜회의 창설자 마드레 데레사의 고향이라는 것은 놀라운 일이 아니다.

 1571년은 데레사가 강생 가르멜 수도원에 입회한 지 35년째 되는 해였다. 1561년부터 개혁운동에 착수했기 때문에 실상 그녀는 10년 동안 거의 수도원 밖에서 지 낸 셈이다. 그래도 도성 밖의 이 강생 수도원은 그녀 생애의 대부분을 보낸 안식처였다. 당시 이 수도원은 몹시 가난했으므로 양식조차 부족할 때가 종종 있었다. 가끔 살림이 아주 어려울 경우에는 수녀들이 임시로 시내에 있는 친척이나 친구 집에 가서 묵어야 했다. 이러한 형편이 여러 해 지속됨에 따라 수도원의 규율도 점차 해이해졌다. 그 결과 자기들의 성소를 대수롭지 않게 생각한 수녀들은 가족들의 권유로 눌러앉아 수도원 밖에서 한동안씩 자유롭게 지낼 수 있는 것을 매우 기뻐했다. 그래서 많은 수녀들은 예수의 데레사가 시작한 개혁운동을 탐탁하게 생각하지 않았다. 요컨대 그들과 함께 지낸 데레사도 역시 그들처럼 수도원 밖에서 많은 시간을 보낸 터에 자기가 무엇이길래 개혁을 시작한다는 말인가 하는 것이었다. 1571년, 130명의 수녀들이 사는 이 수도원은 누군가 손을 쓰지 않으면 안 될 극한 상황에 이르렀다. 그리하여 교황 시찰자 베드로 페르난데즈는 예수의 마드레 데레사를 강생 수도원의 원장으로 임명했던 것이다.

이렇게 되니 누구나 일이 시끄럽게 되리라고 생각했다. 사실 데레사는 이미 수년 동안 개혁 가르멜 수녀원을 여러 곳에 설립해 왔고, 1571년 7월엔 공적으로 완화 규칙을 포기하고 맨발 가르멜 수도회의 엄격한 규율을 채택한 사람이었다. 더군다나 그녀는 관례대로 수녀들의 투표로 뽑힌 것이 아니라 외부 인사에 의해서 원장으로 임명되었으니 문제였다. 그래서 엄격한 규칙을 좋아하지 않는 수녀들은 데레사가 자기들에게도 맨발 수도원의 회칙을 강요하지나 않을까 두려워서 그녀의 임명을 극력 반대했다. 사태가 이러했으므로 원활하게 원장직을 인계받을 수는 없었다.

그러나 이 같은 상황을 무릅쓰고 1571년 10월 6일, 수도회 장상은 단호하게 데레사를 강생 수도원 원장으로 지명했다. 예상했던 대로 데레사는 거센 반대에 부닥쳤다. 그날 작은 행렬을 이룬 사람들이 성 안 동부 지역에 있는 성 요셉 수도원에서 출발하여 언덕 아래로 성곽을 따라 내려가면서 성벽 북쪽에 자리 잡고 있는 강생 수도원을 향해 걸어갔다. 그 그룹은 마드레 데레사와 완화 가르멜의 관구장 안젤로 데살라잘, 아빌라의 시장 그리고 몇 명의 수행원들이었다. 그들이 수도원 문간에 이르러 문을 두드리자 수녀들은 안에서 고함을 지르며 그들에게 문을 열어 주지 않았다. 그리고 데레사 수녀뿐만 아니라 다른 사람들도 문 안에 발을 들여놓지 못하게 했다. 그들은 데레사 수녀에게 욕을 해 대면서 자기들은 새 원장으로 결코 받아들일 수 없다고 생떼를 부렸다. 안젤로 관구장이 그들을 진정시키려고 했지만 그럴수록 오히려 그들은 더 기세를 올렸다. 마드레 데레사는 하는 수 없이 밖에 있는 돌 의자에 앉아서 기다렸다. 결국 관구장이 떠나려는 기색을 보이자 잠시 고함 소리가 멎었다. 바로 그 순간 안으로부터 외마디 소리가 들려왔다. "우리는 찬성합니다!" 뒤이어 또 누군가가 사은 찬미가를 부르기 시작했다. 문이 열리면서 수녀들 간에는 옥신각신 소동이 벌어졌다. 데레사 수녀와 함께 왔던 시의 관리들은 시내로 돌아가는 길에서도 수도원 안에서 다투는 아우성을 들을 수가 있었다. 예수의 데레사를 거부하는 수녀들이 데레사 수녀와 반대편 수녀들을 향해서 소리소리 지르면 데레사를 찬성하는 수녀들도 되받아 고함을 질렀던 것이다. 그러나 예수의 데레사는 이 초기의 격렬한 대립을 점차 평온하고도 조용한 상태로 바꾸어 놓고야 말았다.

  새 원장으로서 데레사 수녀는 수도원의 규율을 바로잡는 일부터 시작했다. 그리고 가능한 한 빠른 시일 내에 십자가의 요한 수사가 수녀들의 고해신부로 임명되어 그곳에 오도록 손을 썼다. 그녀는 요한 수사의 온화함과 깊은 영성이 수녀들에게 많은 도움을 주리라는 것을 알고 있었던 것이다. 사실 요한 수사는 거기서 5년을 보내면서 많은 일을 성공적으로 해냈다. 그런데도 수도원 안에서 그의 슬기로움을 깨달은 사람이 없었다는 것은 역시 인간적인 관점에서만 그를 보았기 때문이다.

마드레 데레사가 장상의 임명으로 원장직을 맡게 된 바로 그 이듬해 요한 수사가 그곳에 오게 되었다. 그를 임명하자 일부 수녀들이 격렬하게 반대하고 나선 것은 이상한 일이 아니다. 자기들까지 초창기 회규에 따라 살도록 강요당하지나 않을까 하는 것이 그들의 가장 큰 우려였는데, 실제에 있어서 그렇게 하지는 않았다 해도 마드레 데레사는 여러모로 질서를 잡아 나갔고, 따라서 그전보다 더 엄격해졌던 것이다. 거기다 이제 요한 수사를 고해신부로 임명한 것은 틀림없이 그들 전부를 엄격한 관상생활의 집단으로 만들려는 교묘한 술책일 거라고 수녀들은 생각했다. 그들은 완화규칙을 따르는 수녀들로서 같은 회 수도승들의 지도를 받아 왔는데도 데레사 수녀는 굳이 맨발 가르멜 수사를 그들의 영적 지도자로 선택했던 것이다. 무엇보다도 수녀들이 두려웠던 것은 이 십자가의 요한 수사라는 인물이 대단히 엄격하다는 소문 때문이었다. 이런 긴장은 그가 온 뒤에도 몇 년 동안 지속되었다.

강생 수도원 수녀들의 영성생활을 지도하는 고해신부들 가운데 한 사람으로 십자가의 요한 수사를 불러들인 것은 참으로 현명한 처사였다.[1] 요한 수사를 고해신

---

[1] Nicolás Gonzáles y Gonzáles, *El Monasterio de la Encarnación de Avila*, vol.I, Avila: Caja Central de Ahorros y Prestamos de Avila 1976, 295-302.

부로 임명한 것을, 자기들을 개혁 수도회로 이끌어 가려는 교묘한 술책이라고 의심쩍게 보았던 수녀들의 생각이 전적으로 틀린 것은 아니었다. 사실 데레사 수녀는 개혁에 관해 서로 기탄 없이 의견을 나누고 개혁에 따르는 여러 가지 문제점들을 좀 더 편리하게 해결해 나갈 수 있도록 요한 수사가 자기 곁에 있어 주기를 바랐던 것이다. 그녀는 또한 모든 수녀들이 그의 영적 지도를 통해서 점차 깊은 영성생활에 관심을 가지게 되리라는 것도 알고 있었다. 사실 이 수도원의 수녀들 중 몇 사람은 데레사가 설립한 개혁 수도회에 관심을 가지고 있었다. 이 모든 요소들이 어우러지면 수도원 전체가 적어도 완화 규칙대로 생활해 나가기는 좀 쉬울 것이었다. 그렇지만 수녀들에게 가르멜적인 수도생활에 관해 이론적으로 또한 경험적으로 가르치지 않는다면 그것은 불가능했다. 이 일을 위해서 까스띨 성에서 온 자그마한 수사, 요한보다 더 나은 사람이 또 있겠는가? 십자가의 요한 수사는 이 수도원의 내분을 충분히 의식하고서 이 임명을 수락했다. 마드레 데레사는 도미니꼬 회원이며 교황 시찰자인 베드로 페르난데즈 신부와 교섭하여, 맨발 가르멜 수사들 중에서 두 명, 곧 십자가의 요한 수사와 성 마티아의 게르만 수사를 임명하는 데 필요한 허가와 권한을 받아 놓았다. 이것은 두말할 것도 없이 완화 가르멜 남자 회원들과 서먹한 관계를 만들었다. 여러 해 동안 완화 가르멜 신부들은 이 강생 수도원에서 수녀들의 고해신부로서 전례를 주관하며 사례를 받아 왔다. 그런데 이제 개혁 가르멜의 두 수사가 그 자리에 오게 된 것이다. 그리고 이 두 수사는 교황 시찰자의 인준을 받았기 때문에 완화 가르멜 신부들로서도 어쩔 수 없이 물러서는 수밖에 없었다. 언덕 위에 있는 완화 가르멜 수도원의 몇몇 사람들에겐 견디기 어려운 일이었다. 때문에 이 두 수사가 도착하기도 전에 벌써 그들에 대한 질투와 의혹과 증오의 불길이 이글거리고 있었던 것이다.

1572년 여름 그곳에 도착한 요한 수사와 게르만 수사는 처음 얼마 동안은 완화 가르멜 수사들과 숙식을 함께 했다. "누에스뜨라 세뇨라 델 가르멜"Nuestra Señora del Carmel 수도원은 시의 북쪽 성벽에 있었다. 그리고 그 수도원의 종탑은 성벽에서 떨어진 언덕 바로 밑에 있는 강생 수도원에서도 빤히 보였다. 그래서 지도신부나 고해신부들이 5~10분 정도만 걸으면 수녀원에 올 수 있었다. 이렇게 거리상으로는 편리했지만 완화 가르멜 수도원 몇몇 수사들의 의혹과 혐오로 말미암아 요한 수사와 그의 동료 수사는 1573년 결국 다른 곳으로 숙소를 옮겼다.

강생 수도원 담 밖에 수도원 소유의 화원이 있었다. 그 가까이 수도원에서 일하는 일꾼들이 가족들과 함께

사는 초라한 오두막집 몇 채가 길가에 나란히 서 있었다. 수사들도 그중 한 채를 얻어서 살게 되었다. 가구라곤 거의 아무것도 없는 누추한 집이었지만 맨발 수도회의 거친 수도복을 입고 있는 이 자그마한 수사 같은 사람에게는 꼭 어울리는 집이었다.

그로부터 4년 동안 십자가의 요한 수사는 아빌라 시와 이 오두막집, 그리고 강생 수도원을 중심으로 생활해 나갔다. 하루하루 판에 박은 듯 평범한 일상이었지만 아무리 대수롭지 않은 일이라도 그에게는 색다르고 중요한 것처럼 생각되었다. 그는 두루엘로에서 자기 인생 드라마의 절정인 최종 단계로 생각되었던 것이 그의 새로운 삶의 첫 걸음에 지나지 않았다는 것을 이 시기에 차츰 깨닫게 되었다.

그는 강생 수도원의 수녀들을 지도해야 하는 과업을 매일 충실히 수행했다. 동료 수사와 함께 오두막집에서 기도로 하루 일과를 시작하면서 그는 길 건너편 수도원 성당에 가서 그곳에 사는 수녀들의 공동체를 위해 미사를 드려 주었다. 수녀들은 보통 매주간 혹은 격주로 고해성사를 받았고 그 일만으로도 요한 수사는 상당히 바빴다. 고해성사를 주는 것은 실제로 영적 지도라고는 할 수 없었지만, 요한 수사는 이 성사 때 많은 격려와 충고의 말을 해 주려고 애썼다. 민감하고 섬세한 사람이었던 만큼 단지 기계적으로 고해성사를 줄 수는 없었다. 요한 수사에게 고해성사란 하느님과 인간이 만나는 자리였다. 그러기에 이 성사를 집행하는 데는 인내와 동정심과 이해가 필요했다. 고해성사를 주는 요한 수사에게는 이러한 품성이 넘쳐났다. 그것은 그가 자신 안에 깊이 받아들이고 성숙시킨 개인적 성품이었다.

비록 모든 수녀들이 그런 건 아니지만 많은 수녀들이 오래지 않아서 요한 수사의 불가사의한 지도력에 눈을 뜨기 시작했다. 그 수녀들은 시간이 나는 대로 나름대로의 영적 사정을 요한 수사에게 의논했다. 자기 생활을 진지하게 성찰하는 수녀일수록 요한 수사야말로 자기들이 하느님께로 가는 데 도움을 줄 수 있는 사람이라는 것을 더 잘 알고 있었다. 요한 수사는 조언을 청하는 수녀들에게 길잡이가 될 만한 말들을 작은 종이에다 적어서 주곤 했다. 그 요점들은 그의 저서에서도 찾아볼 수 있는 실제 영성의 훈시 비슷한 것이었다.

> 읽으면서 찾으라. 그러면 묵상 중에 찾아 얻으리라. 기도하면서 두드리라. 그러면 관상 중에 그대에게 열리리라.[2]

> 누가 그대에게 대하여 호의를 품고 있는지 혹은 반감을 품고 있는지 도무지 생각하지 말라. 늘 하느님을 기쁘시

---

[2] *Maxims*, BAC no.157, 969.

게 해 드리는 일만을 생각하라. 그리고 그대 안에 그분의 뜻이 이루어지기를 기도하며 깊이 사랑하라. 이것이 그대가 해야 할 본분인 것이다.[3]

하느님께 받은 은혜에 대하여 침묵을 지키라. "나의 비밀은 내 것이다"라고 한 저 신부의 말을 상기하라. 이사야서 24장 14절을 읽으라.[4]

이와 같은 격언들과 다른 수단들을 통해서 그는 하느님은 정원에 피어 있는 꽃들만큼이나 실제적인 분임을 알게 해 주었다. 그는 수녀들이 하느님께서 그들 하나하나의 삶에 친밀히 관여하고 계시다는 것과, 바로 이 하느님을 각자는 자신들의 내면에서 그리고 각자의 생활 속에서 찾을 수 있다는 것을 깨닫게 되기를 바랐다. 그 수도원은 본래의 목적의식을 어느 정도 상실하고 있었다. 그러나 이미 하느님께로 더욱 가까이 다가갈 수 있는 방법을 익혔던 요한 수사는 그 길을 밝히는 빛을 수녀들에게 던져 줄 수 있었다.
  십자가의 요한 수사는 자신의 실제 행동으로 하느님께로 나아가는 길을 보여 주었다. 그리고 바로 그 길

---

[3] *Maxims*, BAC no.154, 969.
[4] *Maxims*, BAC no.152, 969.

에 하느님이 현존하심을 드러내 보였다. 수사들의 식사는 수도원의 수부에서 그들이 기거하는 움막집까지 날라다 주었는데, 요한 수사는 무슨 음식을 보내든 불평 없이 받아먹었다. 그러나 특별한 요리가 나오면 그것을 수도원으로 되돌려 보내며 병실에 있는 수녀들 중 어느 한 사람에게 가져다주라고 당부하곤 했다. 그의 이와 같은 태도는 자기의 육신을 벌하려는 금욕주의적 열의에서 나온 것이라기보다 다른 사람들에 대한 그의 애덕에서 비롯된 것이었다. 언제나 그렇듯이 그는 병에 걸린 사람들에게 특별히 사랑을 베풀곤 했다. 그는 또 무슨 선물 같은 것을 받았을 때에도 특별한 음식을 받았을 때와 똑같이 처리했다. 그는 정말로 그것을 필요로 하는 사람들에게 나누어 주곤 했다. 이렇게 하여 누군가 그들을 진정으로 생각해 주는 이가 있다는 것을 보여 줌으로써 그들의 용기를 북돋아 주었던 것이다. 다른 사람들에 대한 그의 사랑은 참으로 인상적이었다. 서른에서 서른다섯 살 무렵 그는 믿을 수 없으리만큼 온유하고 섬세하고 동정심 많은 인간으로 변모되어 있었다.

  하루는 수도원 안을 거닐다가 맨발 가르멜 회원이 아닌데도 맨발로 다니는 한 수녀를 보게 되었다. 그 수녀가 신을 신지 않은 것은 그녀에게 신을 사 줄 만한 돈이 수도원에 없었기 때문이었다. 요한 수사는 그길로 아빌라 시내로 들어가서 애긍을 청하기 시작했다. 그리고 꽤 넉넉한 돈을 모아 가지고 수도원으로 돌아와서 신을 사 신도록 그 수녀에게 돈을 건네주었다.

  요한 수사의 이러한 태도와 행동은 하느님께서 모든 인간 한 사람 한 사람에게 찾아오시듯이 그 자신에게도 찾아오심을 일상생활에서 직접 체험한 결과임을 우리는 의심할 수 없다. 그의 이런 생활 태도, 거기에 따르는 다른 이들과의 상호 유대감, 그리고 하느님의 현존에 대한 의식이 성숙해짐에 따라 요한 수사는 타고난 대로 끊임없이 하느님의 사람으로 변모해 갔다. 그러나 아빌라에서 지낸 동안 요한 수사의 활동이 강생 수도원의 일에만 국한되어 있었다고 생각해서는 안된다. 게르만 수사와 함께 기거한 그 오두막집은 바로 수도원의 일꾼들이 사는 다른 오두막집들과 이웃해 있었다. 그러니 그의 은수 암자는 인생살이의 한복판에 있는 셈이었다. 아이들은 마당에서 뛰놀고 어머니들은 그 아이들에게 소리를 지르곤 했다. 그리고 어쩌다가 이웃끼리 울타리 너머로 또는 문간에서 말다툼을 벌이기도 했다. 오두막집 가정들은 요한의 가족들이 폰티베로와 메디나 델 캄포에서 살았을 때처럼 가난했다. 그들은 요한과 같은 계층의 사람들이었다. 그래서 이들에 대한 그의 관심과 사랑은 깊었다. 그는 아이들과 같이 놀아 주기도 하고, 읽기·쓰기·교리 등의 기초를 가르쳐 주기도 하고,[5] 아이들의 말 상대가 되어 주기도 했다. 이렇게 이웃 사람들과 가까이 지낸 생활은 사람들이 상상할 수 있는 것보다도 더 요한 수사의 생활을 정상적인 것으로 만들어 주었다. 그가 세상을 떠난 뒤 세월이 흘러도 나이 많은 노인들은 아빌라의 자기들 이웃에서 자기들과 함께 생활했던 그 작은 키의 마음씨 곱고 친절한 수사를 잊을 수가 없었다.

바로 이 이웃 사람들과 그를 방문한 사람들, 혹은 아빌라의 붐비는 좁은 거리에서 이따금 그를 만나 본 사람들을 통해서 그 고을 주민들은 그의 존재를 알게 되었다. 그러나 그들 모두가 거친 수도복 차림의 요한 수사를 올바르게 이해한 것은 아니었다. 왜냐하면 그의 수척한 용모가 모질고 엄격한 인상을 풍겼기 때문이다. 그에 대해서 이처럼 잘못 알고 있었던 사람들 가운데는 시내에서 온 한 부잣집 젊은 부인도 있었다. 그런데 그 부인의 친구들이 그녀가 허황된 이기적 행실을 계속한다면 그 생애는 파멸로 끝날 것이라고 걱정한 모양이었다. 그러나 무슨 말로도 그녀를 움직일 수 없음을 알자 그들은 수도원에 가서 요한 수사를 만나 보라고 죄어치었다. 그렇지만 요한 수사의 엄격한 인상 때문에 그녀는 도무지 마음이 내키지 않았다. 그녀는 별의별 이유

---

[5] Nicolás Gonzáles y Gonzáles, *El Monasterio*, 312.

를 다 대며 그를 보러 갈 수 없다고 했다. 그러다가 친구들이 하도 다그치는 바람에 그녀는 마지못해서 그들의 권유대로 요한 수사를 만나 자기 생활을 상담하겠다고 약속했다. 그러나 수도원을 향해 언덕을 걸어 내려가면서도 이것이 정말로 잘하는 일인지 알 수 없었다. 이 사람은 결코 자기를 이해하지 못하리라는 느낌이 들었다. 더욱이 그는 자기에게 많은 것을 요구할 것이라고 생각했다. 그녀 자신이 그런 요구들을 실행할 수 없다는 것을 잘 알고 있었다. 온갖 생각으로 그녀는 망설이지 않을 수 없었다. 그러나 그녀는 억지로 길을 재촉했다. 그런데 정작 요한 수사를 마주 대하니 그녀가 예상했던 것과는 전혀 다른 분위기였다. 그녀는 자기의 생각을 요한 수사에게 얘기하면서 오히려 마음이 편해짐을 느끼기 시작했다. 더욱 놀라운 것은 그녀가 얘기를 다 하고 나자 요한 수사는 그녀가 자기를 만나러 오면서 겪은 갈등으로 이미 보속했기 때문에 다른 보속을 더 할 필요가 없다고 말하는 것이었다. 요한 수사는 그녀가 마음을 여는 일이 얼마나 힘들었는지 알아챘던 것이다. 마음 고통을 당하는 사람들에 대한 요한 수사의 배려와 통찰력은 더욱더 깊어 가고 있었다.

   요한 수사는 인생살이에서 좌절하여 이젠 끝이라고 생각하는 사람들에게 희망을 주는 데 자신의 자질을 슬기롭게 이용했다. 그는 그런 사람들에게 그들 삶의 긍정적인 차원을 보여 주고 하느님의 사랑에 의탁하여 살아가도록 격려해 주었다. 한번은 수도원에서 한 수녀가 찾아와서 자기는 절망적이라는 고백을 했다. 그녀는 매일 자기 성찰을 하고 있는데 자기가 얼마나 불성실한 생활을 하고 있는지 뉘우친다는 것이었다. 그녀는 부정적인 생각에 너무 깊이 휘말리어, 자기의 못된 죄로 말미암아 자기는 아무런 희망도 가질 수 없는 사람이라고 믿고 있었다. 그녀는 거의 절망에 빠질 처지에 있었다. 내심의 불안과 여러 가지 생각들을 털어놓은 다음 그녀는 마음을 졸이며 요한 수사를 조용히 바라보았다. 이윽고 요한 수사는 따뜻한 말로 하느님의 사랑에 대해 이야기하며 그 사랑은 언제나 틀림없이 용서의 은혜를 베푼다고 했다. 어쩌면 이때 그의 유명한 영성 훈시의 하나인 다음의 권고 말씀을 했는지도 모른다. "생애가 저물 때 사랑에 관한 심사를 받을 것입니다. 그러므로 당신 자신의 행동방식을 포기하고 하느님께서 사랑받기를 원하시는 만큼 사랑하는 법을 익히시오."[6] 요한 수사의 이런 말들은 그녀의 마음의 문을 활짝 열어 주었다. 그 문으로 하느님의 평화가 충만히 그녀의 내면으로 흘러 들어갈 수 있었다. 십자가의 요한 수사가 다른 사람들에 대해서 그들이 누구든 또 어떤 문제를 안

---

[6] *Sayings of Light and Love*, BAC no.59, 672.

고 있든 인도적 자애심과 깊은 관심을 가질 수 있었던 것은 모든 사람, 모든 사물을 한결같이 아끼시는 하느님의 사랑에 대한 그의 흔들림 없는 확신 때문이었다.

 요한 수사가 아빌라에서 지내는 동안에 겪었던 둘째 사건은 요한 수사 안에 또 다른 면이 있음을 보여 준 것이었다. 그 사건은 요한 수사에게 아주 깊은 인상으로 남아 있었다. 그래서 20년이라는 긴 세월이 흐른 뒤에도 그 일을 생생하게 기억했다. 가끔 동료 수사가 며칠씩 출타하면, 그 작은 오두막집에 요한 수사 혼자 있을 때가 많았다. 그런데 어느 날 저녁 그가 보잘것없는 저녁 식사를 들고 있을 때 누군가 정원을 가로질러 그의 오두막집으로 걸어오는 기척이 들렸다. 요한 수사가 식탁에서 고개를 들어 문 쪽을 바라보니 미모의 한 젊은 여인이 문간에 서 있는 것이 아닌가. 그 여인은 시내에 살고 있었다. 요한 수사는 시내와 수도원 성당에서 몇 번 그녀를 본 적이 있었다. 그녀는 빼어나게 아름다운 여인이어서 길에 나서면 사람들의 눈길을 끌곤 했다. 바로 그 여인이 요한 수사를 향해 입을 열었을 때, 이 작은 수사는 그녀가 자기 앞에 나타난 그 사실보다 더 놀라운 이야기를 들었다. 그 여자는 요한 수사를 애인으로 삼고 싶다고 열정적으로 고백했던 것이다. 그녀는 미친 듯이 요한 수사를 사랑하게 되어 그 심정을 그가 알아주기를 바랐던 것 같다. 어쩌면 그녀는 요한 수사도 자기에게 같은 연정을 느끼고 있을 것이라고 생각했는지도 모른다. 이런 행동은 16세기 스페인 여자로서는 꽤나 당돌한 것이었다. 토마스 아퀴나스 성인이 이와 비슷한 상황에 처하게 되었을 때 그랬던 것처럼 요한 수사도 그 여인을 집 밖으로 내쫓았을까? 뻔뻔스럽게 죄받을 짓을 한다고 고함을 지르며 비난의 소리를 퍼부었을까? 아니면 그녀의 열정적인 구애에 동의했을까? 사실인즉 요한 수사는 전혀 다른 태도로 그녀를 대했다. 그들은 서로 이야기를 나누었다. 요한 수사가 그녀에게 무슨 말을 했는지는 알 수 없으나, 그들이 서로 말을 주고받은 후에 그녀는 자기가 요한 수사와 맺고자 열망한 연인 관계는 불가능하다는 것을 알고 아빌라 언덕의 자기 집으로 돌아갔던 것이다. 요한 수사는 일상 처신해 온 대로 조용히 그리고 온화하게 그녀에게 말을 했다. 그는 수년 전에 하느님과 자기의 동료 가르멜 회원들에게 충성을 다할 것을 맹세했다고. 그리고 일단 서약을 한 이상 자기가 살아 있는 동안은 스스로 선택한 그 삶이나 그분에게 충실하겠다고. 이렇게 충실한 생활이 개인적으로는 몹시 힘들고 고통스러운 경우에도 그는 끝까지 성실했다. 그 젊은 여인은 자기가 사랑하는 이 수사가 참으로 온전한 마음으로 하느님을 선택했다는 것을 알아들었을 것이다. 그렇지만 요한 수사가 조용히 자기에게 말을 하고 있는 동안 그의 내부에선 어떤 감정이 일고 있었는지 전혀 알 길이 없었다. 그로부터 긴 세월이 흐른 후 만년의 요한 수사가 친구 요한 에반젤리스타 수사에게 이 이야기를 들려주면서 자기는 그때 그 젊은 여인에게 완전히 마음이 끌렸다고 고백했다. 그는 그 여자에게 완전히 반했던 것이다.[7] 이 얘기는 육신의 욕망 속에 살면서도 어떠한 상황에서나 자기가 일찍이 선택한 한 분에게 자기를 완전히 맡겨 드린 한 인간을 보여 주고 있는 것이다. 그러나 이것은 어떤 인간에게 있어서나 마찬가지로 그에게도 결코 쉬운 일은 아니었다. 욕정·욕구·죽음의 운명, 갖가지 인간적인 현실 상황이 바로 이 자기 헌신의 결단을 내리게 하는 근본 소재들이다. 요한 수사는 현세 생활과 그것을 구성하는 모든 것을 부정함으로써 그렇듯 인정 깊은 사람으로 성숙한 것은 아니었다. 오히려 그는 더욱더 의식적으로 현세 생활을 인정하고 성실히 살아감으로써 성숙했다. 이것은 결코 쉬운 일이 아니었다. 그렇지만 그는 간단없이 노력했다. 그리고 의심할 여지 없이 그도 다른 모든 사람들처럼 하느님께로 나아가려고 애쓰면서 실패를 맛보기도 했던 것이다.

---

[7] Silverio de Santa Teresa, ocd 편, *Obras de San Juan de la Cruz. Doctor de la Iglesia*, Biblioteca Mistica Carmelitana (약호: BMC), Burgos: Tipografia de "El Monte Carmelo", 1931. Relacion de Fray Juan Evangelista, vol.13, 389 (BNM Ms. 12738, ca. fol. 559).

다른 사람들이 삶의 고통스러운 고비를 만났을 때 그가 도움을 줄 수 있었던 것은 그 역시 인간적 감정과 욕정을 가지고 있었기 때문이었다. 그가 아빌라에 있는 동안 강생 수도원의 한 수녀가 시내에 사는 어떤 남자와 깊은 관계에 빠진 일이 있었다. 얼마 동안 그렇게 지낸 그 수녀는 자기의 처신이 바르지 못했지만 어떻게 돌이킬 길이 없다는 것을 깨닫고는 번민에 싸여 어찌할 바를 몰랐다. 그녀는 요한 수사에게 자기의 고민을 다 털어놓고 이야기를 나눈 다음 하느님께 대한 애초의 헌신 서약을 새롭게 했다. 그러나 이 일은 시내의 그 남자를 몹시 격분시켰다. 더구나 그는 그녀를 돌아서게 한 장본인이 바로 강생 수도원의 젊은 고해신부라는 것을 알고는 이 작은 수사를 가만두지 않겠다고 했다. 어느 날 저녁 요한 수사가 수녀들에게 고해성사를 주고 자기 오두막집으로 돌아오고 있는데 난데없이 한 사나이가 어둠 속에서 튀어나와 그를 호되게 후려갈기는 것이었다. 며칠이 지나도 맞은 자리가 부어오른 채 시퍼런 멍이 그대로 남아 있었지만 요한 수사는 누가 자기에게 그런 짓을 했는지 도무지 입을 열지 않았다. 그는 다만 하느님을 섬기는 데에 이런저런 고통이 따르는 것은 당연한 일이라고 말할 뿐이었다. 또한 그는 그 남자와 그 수녀의 어려움을 덜어 주고 싶었던 것이다. 그는 실로 놀랍도록 섬세하고 성실한 사람이었다.

십자가의 요한 수사는 강생 수도원에서 지내는 동안 줄곧 거기서만 기도하며 시간을 보낸 것은 아니었다. 이따금 그는 이런저런 이유로 자기를 꼭 필요로 하는 다른 수녀원도 방문했는데 그중 한 곳이 메디나 델 캄포에 있는 수녀원이었다. 한 수녀에게서 마귀를 쫓아내 달라는 청을 받고서 찾아갔던 것이다. 그런데 문제의 그 수녀를 직접 대면해 본 요한 수사는 그녀가 마귀 들린 것이 아니고 정신 질환으로 고생하고 있다는 것을 장상들에게 알려 주었다. 그 시대에는 마귀 들리는 것을 두려워하고 모든 이가 악령을 겁낸 까닭에 침착하고 통찰력이 있는 사람이 자연적인 현상을 초자연적인 것으로 해석하는 일이 없도록 깨우쳐 주어야 했다.

　메디나 델 캄포를 방문하게 된 기회에 십자가의 요한 수사는 자기가 가장 사랑하는 사람들과 얼마간의 시간을 함께 보냈다. 이때 그의 어머니와 형은 여전히 메디나 델 캄포에 살고 있었다. 요한 수사가 자기 어머니를 극진히 사랑했다는 사실에 비추어, 그는 이 도시에 간 이상 적어도 짧은 시간이나마 함께 지내기 위해서 분명히 어머니한테 들렀을 것이다.[8] 그는 어머니와 마주 앉아 맨발 가르멜 회원으로서의 자기 생활에 관해 이야기하며 수도 공동체가 현재는 어려움을 겪고 있지만 자기

---

[8] Crisogono de Jesús, *Vida y Obras*, 84-5.

는 행복하게 살고 있다고 말했을 것이 틀림없다.

또 한 번의 여행에서 생긴 일들은 맨발 가르멜 회원들이 새 수도원들을 설립하던 중에 참아 내야 했던 좌절을 보여 주고 있다. 1574년 3월 중순경, 요한 수사는 마드레 데레사 수녀와 아빌라의 율리안 수사, 그밖에 몇 사람과 함께 수녀원을 설립하기 위해 세고비아에 갔다. 주교의 정식 서면 허가는 받지 않았지만 주교는 맨발 가르멜 수녀원을 설립해도 좋다고 그들에게 말했기 때문이다. 그들은 이 일을 1574년 3월 19일 성 요셉 대축일에 실행하기로 계획했다. 그러나 그들이 그곳에 당도했을 때 공교롭게도 주교는 그곳에 있지 않았다. 마드레 데레사는 직감적으로 자기들이 정식 허가장을 제출하지 않는다면 주교 총대리가 수녀원 설립을 반대하지 않을까 걱정했다. 그래서 그녀는 아빌라의 율리안 수사를 시켜 이른 새벽에 성찬례를 거행토록 하고, 다음으로 요한 수사가 두 번째 미사를 드리도록 일을 꾸몄다. 이것은 수도원 설립을 실제로 현실화시키는 절차이니 어떠한 변경도 가해질 수 없었다(데레사는 가끔 필요한 서류나 공인을 받지 못했을 때는 이런 임기응변의 여러 가지 방책을 썼다). 그러나 이번에는 그녀가 기대한 만큼 일이 순조롭게 진행되지 않았다.

꼭두새벽에 있었던 이 일의 전말을 전해 들은 총대리는 출입구를 사자 석상들이 지키고 있는 당당한 주교좌 대성당에서 걸어서 2분 거리밖에 안되는 곳에서 이런 일이 일어났다는 사실에 화가 치밀어 올랐다. 그는 약간 경사진 길을 달려 내려가 수도원 문간으로 쳐들어갔다. 그 소란에 율리안 수사는 도망하여 숨어 버리고, 마드레 데레사와 요한 수사만 남아서 이 노기에 찬 주교 대리자를 맞아들였다. 그는 큰 소리로 이렇게 명령을 내렸다. "성체는 영해 버리시오. 소위 성당이란 곳에 있는 장식물들은 냉큼 치워 버리고 다시는 여기서 미사성제를 거행하지 못하게 망을 서게 하시오." 심지어 그는 세고비아 교구청 관할권 내에 이런 수도원을 설립하는 데 협조한 요한 수사를 감옥에 집어넣겠다고 엄포를 놓았다. 그러나 이런 법석에도 요한 수사는 그냥 잠자코 있었다. 마드레 수녀는 총대리에게 모든 사정을 설명하며 납득시키려고 애썼다. 사실 그는 호락호락 물러설 사람이 아닌 마드레의 적수가 아니었다. 며칠이 지난 후 일은 수습되었고, 오래지 않아 이 아름다운 고대 로마풍의 스페인 도시에 그 작은 수녀원은 순조롭게 뿌리를 내리기 시작했다.

세고비아에서 그 주간을 보내면서 요한 수사는 틈을 내어 교외 숲속으로 산책을 나갔다. 그는 거기서 혼자 깊은 명상에 잠겨 기도를 드릴 수 있었다. 약 백 년 전에 이사벨라 여왕이 대관식을 가졌던 알카자르 궁전을 바라보며 가파른 언덕길을 내려가면서 그는 후일 언젠가 이 장소가 그의 기억 속에 다시 되살아날 것 같은 느낌이 들었다. 세고비아의 맑고 푸른 하늘을 찌를 듯이 우뚝 치솟은 궁전의 망루들 저쪽에 그는 바위 절벽을 휘돌아 번쩍거리며 흐르는 에레스마 강물을 바라보았다. 왕궁은 바로 그 절벽 위에 세워졌는데 그것은 마치 거대한 스페인식 큰 돛배가 무한한 푸른 공간 속으로 항해해 가는 듯한 모습으로 서 있었다. 여름철에는 양 떼들이 풀을 뜯는 그 맞은편 언덕을 오르면서도 그는 콸콸 흐르는 계곡 물소리를 들을 수 있었다. 3월 중순이라 아직 날씨가 차가웠고 여기저기 녹지 않은 눈이 그대로 남아 있었다. 그렇지만 여름철의 목가적인 풍경을 쉽게 상상할 수 있었다. 이 세고비아의 아름다운 시골 풍경은 십자가의 요한 수사의 마음과 상상 속에 깊이 아로새겨졌다. 자연의 아름다움에 대한 그의 감수성으로 말미암아, 그 모든 광경은 훗날 그의 시로 읊어질 때까지 그의 기억 속에 깊이 간직되어 있었던 것이다.

아빌라에서 생활하는 동안에 그의 인품은 원숙해졌다. 다른 이들이 남자 수도원 또는 수녀원들을 세우느라고 분주히 돌아다니고 있을 때 요한 수사는 강생 수도원에서 수녀들에게 성사를 주고 아이들을 가르치며 많은 사람들의 영성생활을 지도하는 한정된 일을 충실히 해 나갔다. 그는 규칙이 명하는 대로 단식을 하고 가난의 서원을 실제적인 내핍 생활로 지켜 나갔지만,

그전에 몰두했던 극단적인 고신극기는 하지 않았다. 그 대신 기도의 마음가짐, 그리고 자기를 둘러싼 세상과 자기 자신 안에 항시 내재하여 계시는 하느님의 현존에 대한 자각적 의식을 깊게 하는 데 힘을 기울였다. 그는 수녀들이나 시내 사람들을 위해서 활동적인 일을 하지 않는 시간엔 단편적으로 시를 쓰기도 하고, 혹은 십자가에 못 박히신 그리스도의 고상이나, 하느님이 당신 백성과 함께 사시기 위해 오시는 사실을 상기시킬 만한 다른 형상을 조각하기도 했다. 요한 수사가 기도와 명상으로 수개월을 보낸 다음 십자가상의 예수의 그 엄청난 고통을 독특한 영성으로 통찰하게 된 것은 바로 이 무렵이었다. 그는 예수님이 겪으신 고난의 신비와 모든 사람이 거기에 연관되어 있는 사실을 깊이 꿰뚫어 봄으로써 유례없는 독특한 그림을 그려 냈던 것이다. 바로 그 3인치 길이의 그림은 오늘날에도 강생 수도원에 있는 유품실에서 구경할 수 있다. 그것은 십자가에 못 박히신 그리스도상인데, 위쪽에서 내려다보이는 모습을 스케치한 것이다. 몸이 무겁게 처져 내리고 머리를 땅으로 떨구고 있다. 그의 손과 머리에선 선명한 핏방울이 방울방울 떨어지고 있다. 이 그림에서 볼 수 있는 것은 생명이 없으나 사람들에게 생명을 주고 있는 몸이다. 그것을 요한은 자기 마음속에서 보았던 것이다. 그렇게 느꼈던 것이다. 생명을 산출하는 그리스도의 고난과 죽음에 대한 이런 통찰은 그 후 몇 달 동안 그를 뒷받침해 준 은총임에 틀림없었다.

예수의 데레사가 시작해 놓은 개혁운동은 심각한 문제를 야기시키기 시작했다. 예상한 대로 가르멜회 수도 가족은 개혁 그룹이 형성됨에 따라 생긴 여러 파벌로 말미암아 서서히 갈라지고 있었다. 어떤 이들은 이런 현상을 싫어했고 또 다른 이들은 더 엄격한 규칙을 지키며 살고자 하는 이들이 지나치게 우세해진다고 우려했다. 그리고 또 다른 이들은 여전히 시기심을 품고 있었다. 그러나 날로 더욱 악화되어 가는 이러한 난관들은 초창기 규칙을 따르기를 바라지 않는 사람들에게만 전적으로 그 탓이 있는 것은 아니었다. 맨발 가르멜 그룹에는 매우 강경하여 밉살스럽기까지 한 인물이 몇몇 있었다. 개혁을 추진하는 데 있어서 데레사 자신이 취한 방법들 가운데에는 아예 정도에서 벗어난 것이 아닌가 의심이 가는 것도 있었다. 심상치 않은 충돌이 빚어지리라는 것은 충분히 예기될 수 있었다. 그러나 아주 흥미로운 것은 같은 가르멜 회원이 아닌 다른 외부 사람의 행동으로 말미암아 사건이 터졌다는 사실이다.

두 명의 도미니꼬 회원이 교황청 파견 감독관으로 임명되어 왔는데 그중 한 사람은 스페인의 북부 지방(신·구 까스띨)을 맡고, 다른 사람은 남부 지방(안달루치아)을 맡았다. 그들은 가르멜 산의 수도회에 대해서도 대단한 권한을 행사할 수 있었다. 그런데 안달루치아의 감독관인 프란치스꼬 데 바르가는 까스띨 성을 맡고 있는 베드로 페르난데즈만큼 섬세한 사람이 아니었다. 페르난데즈는 여러 부류의 사람들과 긴밀히 협조하며 일을 해 나가는 데 반해 바르가는 곧잘 문제를 야기시켰다. 그 예로서 바르가는 율바에 있는 수도원을 완화 가르멜 수사들한테서 빼앗아서 맨발 가르멜 수사들에게 넘겨주었다. 또 그는 세빌라와 그라나다와 페누엘라에 맨발 가르멜 수사들의 수도원을 세우는 것을 공인했다. 가르멜회의 총장 빠드레 루베오가 안달루치아에는 개혁 수도원을 세우지 말라고 엄금한 사실이 있었는데도 그는 이런 조치를 취했던 것이다.

  당연히 이런 행동은 많은 완화 가르멜 회원들을 전전긍긍케 했다. 그리하여 1574년 초에 그들은 감독관의 권한을 박탈하기 위해 로마에 대표단을 파견키로 의견을 모았다. 그리고 1574년 8월 3일, 그들은 감독관의 폭넓은 직권을 삭탈하는 성청 교서를 손에 넣었다. 그러나 스페인 주재 교황 대사 오르마네또가 이 교서에 관한 소식을 듣고는 교황 대리로서의 권한으로 1574년 12월 27일 바로 그 두 도미니꼬 회원들에게 더욱 강력한 권한을 부여하여 그들을 "개혁관"으로 임명했다.

  완화 가르멜 회원들은 당연히 몹시 격분했다. 그들에겐 개혁이라는 것이 전면적인 반란으로 여겨졌던 것이다. 그리하여 그들은 1575년 5월에 이탈리아의 피아첸자에서 열릴 총회에서 이 문제를 총괄적으로 토의하기로 결정했다. 그리고 그 사이에 총장 빠드레 루베오는 마드레 데레사 수녀에게 사건 경위를 설명해 줄 것을 요구하는 서한을 보냈다. 그러나 1575년 6월까지 데레사 수녀는 이 편지를 받아 보지 못했기 때문에 총회가 문제를 심의하기 전에 회신을 보낼 수 없었다. 총장의 서한을 그녀가 받지 못한 사실을 전혀 알 길이 없는 참사회 간부들은 그녀를 고집스럽고 반항적인 여자로만 생각했다.

참사회의는 제재 조치의 한 방편으로 스페인과 포르투갈을 돌아볼 특별 시찰관을 임명했다. 그리고 그 직책에 가장 적합한 인물로서 빠드레 예로니모 토스타도가 선정되었다. 그는 1576년 스페인에 도착했다. 그러나 그가 지참한 서류와 교황 대사의 훈령이 서로 어긋나서 궁정회의는 그가 임무를 수행하는 데 필요한 허가를 주지 않았다. 그래서 토스타도는 스페인의 허가 문제가 해결될 때까지 포르투갈로 가서 기다리며 그곳의 일을 처리하기로 했다.

한편 맨발 가르멜 수사들도 1576년 11월 9일 알모도바 델 캄포에서 집회를 열었다. 그런데 맨발 가르멜 공동체 안에서도 의견이 둘로 갈라져 한편은 관상적인 생활을 강조했고, 다른 편은 좀 더 사도적인 활동 생활을 해야 한다고 주장했다. 십자가의 요한 수사는 더 관상적인 생활양식을 옹호했으나 장시간의 토의 끝에 공동체는 사도적 활동 생활에 역점을 두기로 했다. 이 문제를 해결한 다음 그들은 완화 가르멜 신부들과의 관계에 주의를 돌려 거론했다. 그들은 진정으로 완화 가르멜 수사들을 진정시키기로 하고 그 조치의 하나로 요한 수사를 강생 수도원의 고해신부 자리에서 다른 데로 이동시키기로 했다. 이렇게 함으로써 완화 가르멜 수사들과 자기들 간의 알력이 누그러질 수 있을 것이라고 생각했던 것이다(그러나 수녀들이 끼어들어 반대하고 또 교황대사가 요한 수사를 재임명했기 때문에 그는 강생 수도원에 계속 머물러 있게 되었다). 그들의 선의에도 불구하고 두 공동체 사이의 현안 문제들이 조속히 해결될 수는 없었다. 오직 두 공동체의 완전한 분리만이 그 문제들을 근본적으로 해결할 수 있을 것이었다.

 1576년 집회가 있기 전, 이미 연초에 요한 수사가 첫 번째로 공공연히 구금되기에 이를 정도로 사태는 악화되어 있었다. 아빌라의 완화 가르멜 수도원 원장은 십자가의 요한 수사와 그의 동료를 그 오두막집에서 공공연하게 납치해 갔던 것이다. 그리고 완화 가르멜 수사들은 요한 수사가 수련기에 살았던 메디나 델 캄포 수도원으로 이들을 끌고 가서 그곳에 구금했다. 완화 가르멜 수사들은 자기들에게 그럴 만한 권리가 있을 뿐 아니라 자기들이 전적으로 정당하다고 생각하고 있었다. 그러나 그들이 미처 깨닫지 못했던 것은 요한 수사가 성무를 통해 가까이 지낸 그 지역의 주민들이 그를 지지하고 있다는 사실이었다. 소식을 전해 듣고 아빌라 시민들은 몹시 격분하여 교황 대사 오르마네또에게 선처를 요구했다. 대사는 십자가의 요한 수사를 즉각 풀어 주라는 명령을 내렸다. 그뿐 아니라 완화 가르멜 수사들은 아무도 강생 수도원에서 일을 하지 못하게 했다(그때까지 완화 가르멜 수사 몇 사람은 아직 강생 수도원의 고해신부로 있었다). 완화 가르멜 수사들은 복종하는 수밖에 없었다. 그러나 그들의 가슴에 사무친 원한은 투쟁이 아직 끝나지 않았음을 경고하고 있었다. 교황 대사의 이러한 처사는 두 공동체 간의 불화가 쉽게 해결되지 않으리라는 전망을 더욱 굳히게 했다.

  요한 수사 자신은 직접적으로 논쟁에 가담하지는 않았으나 명망이 높아서 개혁운동을 막고자 하는 완화 가르멜 수사들에게는 그가 특별한 공격 대상이 되고 있었다. 모든 논쟁과 완화 가르멜 그룹의 행동 방침은 요한 수사에게 많은 희생을 요구했다. 그는 여느 때보다 더 야위어 갔고 몹시 피로를 느꼈다. 그의 얼굴은 말이 아니었다. 그러나 그는 아무 일도 없다는 듯이 자기 성무를 그대로 계속했다. 겉으로 보아서는 몸이 수척해진 것 외에는 그전과 조금도 달라진 것이 없었다. 그를 보는 사람들은 그가 얼마나 무거운 짐에 짓눌려 있는지를 눈치채지 못했다. 그는 대단히 민감한 사람이었기 때문에 자기 둘레에서 증오와 원한을 보고 느끼면서 엄청난 괴로움을 겪고 있었다. 사실 예수의 십자가에 대한 그의 통찰은 수도 형제들 사이에 빚어지는 쟁투를 목격함으로써 겪은 자신의 그 엄청난 고통에서 얻어진 것이었다. 8년 전, 두루엘로에서 보낸 그 초기의 평화스러웠던 시절과는 판이하게 상황이 변해 있었다. 그리고 이러한 상태가 언제 끝날는지 아득하기만 했다. 맨발 가르멜 수사들에게 지극한 호의를 보여 주던 교황 대사 오르마네또가 1577년 6월 18일 별세했다. 그는 더 이상 교황 대사의 권한으로 개혁파 지도자들을 보호해 줄 수 없게 된 것이다. 이제 문은 적대자들에게 활짝 열렸다. 완화 가르멜 수사들은 개혁파들을 굴복시킬 절호의 찬스를 놓치지 않았다. 그들은 개혁운동을 혁명 또는 반란으로 보았다. 완화 가르멜 수사들 가운데에도 개혁을 선의의 성실한 운동으로 보아주는 사람들이 있기는 했지만, 그보다 위험하고 방자한 소행으로 생각하는 사람들이 더 많았다. 교회의 선익을 위해서, 무엇보다도 평화와 질서를 위해서 이 새로운 운동은 통제되거나 완전히 중단되어야 한다고 그들은 생각했다. 그들 나름대로 역시 성실하고 정직했다. 그들의 이러한 관점은 새 교황 대사 필립보 세가의 임명과 더불어 더욱 확고해졌다. 그가 로마를 떠나 스페인에 도착했을 때는 그전에 이미 로마에서 완화 가르멜의 장상들에게 이야기를 들었기 때문에 맨발 가르멜 수사들에게 호감을 가지고 있지 않았던 것이다.

바로 이런 분위기에서 완화 가르멜 수사들의 가장 대담한 소행이 자행되었으니, 이 사건은 십자가의 요한 수사의 생애에서 가장 극적인 시기로 접어들게 했다.

· · 넷 · ·

똘레도 감금의 암야
(1577~1578)

그해도 저물어 가고 있었다. 그리고 요한 수사에겐 하나의 사건이 다가오고 있었다. 개혁운동을 종식시키지는 못하더라도 강력히 통제하려는 완화 가르멜 수사들의 압력은 날로 가중되고 있었다. 맨발 가르멜 수사들을 두둔해 주던 교황 대사는 이미 세상을 떠났고, 이 "반항적인 수도자"들을 적대시하는 인물이 그 자리에 대신 들어앉았다. 2년 전에 피아첸자에서 열렸던 참사회의의 결의사항은 부분적으로는 아직도 보류 상태에 있긴 했지만, 완화 가르멜 수사들에게나 맨발 그룹의 수사들에게나 불길한 구름처럼 위협의 그늘을 드리우고 있었다. 강생 수도원도 몹시 어수선한 상태에 있었다. 1577년 12월까지도 교회 당국이 임명한 사람 대신에 마드레 데레사를 자기들의 원장으로 모시겠다고 주장한 몇 명의 수녀들이 여전히 파문을 당한 채로 있었다. 도처에 긴장된 분위기가 감돌고 십자가의 요한 수사도 그것을 느꼈다. 그는 눈에 띄게 더욱 쇠약해졌고 극도로 지쳐 있었다. 그런데도 그는 좀처럼 휴식을 취하려고 하지 않았다.

완화 가르멜 수사들도 역시 곤란한 처지에 있었다. 그들은 이미 여러 해 동안 마드레 데레사 수녀가 시작한 개혁운동을 허용해 왔고 심지어 때로는 계속하도록 격려하기도 했다. 두루엘로에서 최초의 남자 개혁 수도원이 개설된 지도 벌써 9년째가 되었다. 그러나 그동안 맨발 가르멜 그룹의 수사들은 너무 앞질러 나갔다. 총장이 명백히 금지했는데도 그들은 안달루치아에 수도원을 설립했다. 그리고 교황 대사가 임명한 시찰관과 감독관들은 총장과 공동체 참사회의의 기대에 어긋나게 행동했다. 이때 요한 수사는 맨발 가르멜 그룹을 주도하는 일에 직접 관여하지는 않았지만 완화 가르멜 수사들은 그를 개혁운동을 이끌어 가는 주요 인물들 가운데 한 사람으로 보고 있었다. 천주의 모친의 빠드레 예로니모(그라치안)가 확실히 맨발 가르멜 수도원의 설립운동에 깊이 관여하고 있었다. 특히 오르마네또가 1575년 8월 그를 안달루치아에 있는 완화 가르멜 수사들의 시찰관 겸 맨발 가르멜 공동체의 관구장으로 임명했을 때부터 적극적이었다. 이렇게 그라치안 같은 인물들이 활약하고 있었음에도 불구하고 완화 가르멜 수사들은 요한 수사만을 예의 주시하고 있었다. 요한 수사는 이즈음 비교적 한가하게 지내고 있었지만 여전히 마드레 데레사와 밀접한 관계를 맺고 있었고, 게다가 두루엘로 수도원 설립자의 한 사람이었으니 그들의 눈에는 그가 상징적인 제1인자로 비쳤던 것이다. 더구나 십자가의 요한 수사에 대한 완화 가르멜 수사들의 생각에는 이보다 심각하게 문제 삼아야 할 점이 있었다.

개혁파의 성장을 막아 분해시키거나 적어도 억제하기 위해서 참사회의가 온갖 지시를 내렸을 때 요한 수사는 거기에 아무런 주의도 기울이지 않았다. 설령 그가 총장과 참사회의가 내린 지시를 적극적으로 직접 철회시키지는 않았다 해도 그는 분명히 현재의 맨발 가르멜 그룹과 행동을 같이하고 있었다. 그의 침묵은 맨발 가르멜 그룹을 찬성하는 것으로 이해되었다. 그리고 마드레 데레사와의 계속적인 협의는 그가 그 반란에 관여하고 있음을 의미했다. 바로 그가 배후에서 모든 말썽을 일으키고 있다고 완화 가르멜 수사들은 생각했던 것이다. 한때는 그들과 함께 지냈던 이 조그마한 수사가 이제 와서는 주제넘게도 불순종의 태도를 취하고 있었다. 그는 단순히 몇 가지 사소한 규칙을 어기고 있는 것이 아니었다. 그는 수도회의 최고 권위에 도전하고 있는 것이었다. 이 수사는 교회에 그토록 많은 문제를 야기시켰던 또 하나의 마르틴 루터가 아닐까? 만일 그가 그러한 인물이라면 그를 지체 없이 막아 묶어 놓지 않으면 안 되었다. 순명이야말로 수도생활에 있어서 가장 근본이 되는 초석인데 이 십자가의 요한이라는 자는 그것을 너무나 공공연히 깨뜨리고 있었다. 완화 가르멜 수사들이 생각하기에 그는 정말 순종하지 않는 반역자였다. 그는 그의 완악한 자만심으로 수도회를 파괴하고 또 스페인 교회를 모반의 길로, 심지어 이단의 길로 이끌어 갈지도 모르는 인물이었다. 개혁운동은 중단시키지 않으면 안 되었다. 그들은 계획을 짰다. 개혁파 지도자들을 기습하여 붙잡아다 그들을 감옥에 집어넣고 개혁운동을 저지하기로 했다. 이런 거친 방법으로 어쩌면 그 성가신 모반자들로 하여금 그들의 어리석음을 뉘우치게 하는 데 성공할는지도 모를 일이었다. 그들은 1577년이 다 가기 전에 그들의 계획을 신속히 실행에 옮기기로 작정했다.

어느새 아빌라 평원에 겨울이 왔다. 흰 눈을 머리에 인 먼 산들은 그 하얀 눈 담요를 아빌라 시내를 향해 서서히 펼쳐 오고 있는 듯했다. 십자가의 요한 수사와 그의 동료 성 마티아의 게르만 수사는 그들의 작은 오두막집에서 몸을 녹이려고 애쓰고 있었다. 매서운 바람과 찬 서리로 바깥 지면은 이미 얼어붙고 있었다. 두 수사는 12월의 그날, 미사와 그 밖의 성무 관계로 몇 차례 수도원에 가야 했기 때문에 뼛속까지 스며드는 추위를 느꼈다. 수도원은 얼마 걷지 않아도 되는 거리에 있기는 했으나 요한 수사는 살을 에는 추위를 느꼈다. 무겁고 거친 수도복도 그를 따스하게 감싸 주지 못했다. 걸음을 옮길 때마다 세찬 바람과 냉기가 그의 맨발에 사무쳐 그의 여윈 몸은 덜덜 떨었다. 그러나 밤이 되면 두 사람은 방 안에 들어앉아서 그 혹독한 추위를 얼마만큼 피할 수가 있었다. 1577년 12월 2일. 이날도 겨울 여느 날이나 마찬가지로 일찍이 해가 졌던 것이다.

잠자리에 들기 전에 그들이 함께 취침 전 기도를 바치고 있을 때 밖에서 그들의 오두막집을 향해 언덕을 급히 뛰어 내려오고 있는 요란한 발소리가 들려왔다. 방 안의 두 수사는 그들이 완화 가르멜 수사들과 몇 명의 경찰관과 시내 사람들이라는 것을 즉시 알아챘다. 그들은 두 수사를 납치하러 왔던 것이다.

오두막집에 이른 그들은 예의나 격식은 아예 무시한 채 다짜고짜 문을 열고 뛰어들어 난동을 부렸다. 두 사람 다 저항하지 않았는데도 난폭하게 다루었기 때문에 한 사람의 입에서는 피가 흐르기까지 했다. 그들은 두 수사를 집 밖으로 끌어내어 잽싸게 언덕으로 끌고 올라가 성벽 위쪽에 있는 완화 가르멜 수도원으로 데리고 갔다. 그들은 그 소란으로 사람들의 주의를 끌까 봐 말썽이 생기기 전에 되도록 빨리 두 포로를 숨겨 버리려고 했던 것이다. 이렇게 해서 총장 대리 토스타도가 내린 지령은 완벽히 실행되었다. 이제 두 수사는 사로잡혀 꼼짝없이 그들의 손아귀에 들어 있게 되었다.

두 포로를 수도원 안으로 끌고 온 그들은 입고 있던 개혁 수도회의 거친 수도복을 강제로 벗기고는 완화 가르멜 수사들의 부드러운 수도복을 입혔다. 그러고는 두 차례 채찍질을 한 후 두 사람을 따로따로 독방에 감금했다. 그러나 다음 날 아침, 미사를 드리기 위해 방에서 풀려나온 요한 수사는 그 틈을 이용하여 재빨리 오두막집으로 도망을 쳤다. 쏜살같이 비탈길을 달려 내려가 오두막집 안으로 뛰어 들어가서 완화 가르멜 수사들의 수중에 들어가면 개혁 가르멜에 해를 끼칠 수도 있는 편지나 서류들을 모조리 없애 버리기 시작했다. 그러나 그를 잡아갔던 자들은 그가 도망한 것을 즉시 알아채고 그를 뒤쫓아서 언덕을 달려 내려왔다. 그들이 당도했을 때 요한 수사는 일을 거의 마쳐 가고 있었다. 문을 잠근 그는 그들이 마구 문을 두드리는 동안 여유 있게 마지막 서류를 없앨 수 있었다.

그가 도망갈 수도 있고 또 시민들이 그와 게르만 수사를 구하러 올지도 모른다는 두려움에서 완화 가르멜 수사들은 두 수사를 다른 곳으로 보내기로 결정했다. 결국 게르만 수사는 아빌라와 메디나 델 캄포 중간 지점에 있는 산 파블로 델 라 모랄레아 수도원으로, 그리고 십자가의 요한 수사는 똘레도로 보냈다.

바로 다음 날, 강생 수녀원의 수녀들이 밤새 무슨 일이 있었는지 알게 되었다. 몇몇 수녀들은 오두막집 쪽에서 소란스러운 소리가 나는 것을 듣기는 했으나 무슨 일인지 영문을 몰랐다. 수녀들이 사실을 알고는 지체 없이 마드레 데레사에게로 달려가서 사건을 알렸다. 데레사 수녀는 몹시 당황했다. 1577년 12월 4일, 마드레 데레사 수녀는 마드리드에 있는 스페인 왕 필립 2세에게 편지를 써 보냈다.[1] 이 편지에서 그녀는 사건의 전모와 아울러 그 배후 관계를 왕에게 보고했다. 그리고 그녀는 이렇게 덧붙였다. "… 이 두 수사가 완화 가르멜 수사들한테 붙잡혀 있다는 것이 저에게는 여간 애통한 일이 아닙니다. … 차라리 그들이 무어인들에게 붙잡혀 갔더라면 더 나았을 것입니다. 그랬더라면 아마 좀 더 낫게 다루어졌을 것입니다. 이 수사 — 십자가의 요한 — 는 실로 나무랄 데 없는 하느님의 충복인데 온갖 고생으로 몸이 너무 쇠약해져서 죽지 않을까 걱정이 됩니다."[2] 이 편지 외에도 그녀는 다른 여러 통의 편지를 격렬한 어조로 써 보냈지만 아무 소용이 없었다. 수도 공동체 안에서 불복종 사건이 생기는 경우엔 흔히

---

[1] *Obras Completas de Santa Teresa de Jesus*, carta 208, 879.

[2] *Obras Completas de Santa Teresa de Jesus*, carta 208, 880.

이런 식으로 처리되었기 때문에 아마 국왕은 이 문제에 개입하고 싶지 않았을 것이다. 어쨌든 요한 수사는 사람들에게 잊혀지지는 않았지만 효과적인 도움은 받을 수 없었다. 그가 겪어야 하는 시련은 온전히 그 자신이 혼자서 감내해야 하는 일이었다. 그것은 상상조차 할 수 없는 고통이었지만 그 또한 그의 생애에서 **성숙**을 위한 가장 뜻 깊은 체험이 될 것이었다.

똘레도로 향하는 긴 여행길은 편하지 못했다. 큰길로 가면 대부분의 고을과 도시들을 지나게 되어 요한 수사가 붙잡혀 가는 것을 사람들이 알아챌까 봐 완화 가르멜 수사들은 간선도로로 직행하기를 꺼려했다. 그 대신 길을 돌아서 시에라 과다라마를 거쳐 가는데 마침 진눈깨비가 마구 쏟아졌다. 거기에다 요한 수사는 완화 가르멜 수사들의 비웃음과 모욕도 참고 견뎌야 했다. 그 날은 유난히 하루가 길게 느껴졌다. 가도 가도 끝이 없는 먼 길이었다. 마침내 일행이 똘레도 시 가까이 다다랐을 때 요한 수사는 기진맥진하여 함빡 젖은 데다 오한이 들어 몸을 가누기도 힘들었다. 그런데도 완화 가르멜 수사들은 요한 수사가 어디에 와 있는지 알아채지 못하게 그의 눈을 가리고 밤이 이슥해서야 시내로 들어가 이곳저곳으로 끌고 다녔다.

아름답기로 소문난 장엄한 도시 똘레도는 마드리드 남쪽 70킬로미터 가량 떨어진 언덕 위에 자리 잡고 있는데, 아래로는 타구스 강이 흐른다. 옛 성벽과 대성전이 우뚝 솟은 성 내에는 정적에 잠긴 몇 개의 광장이 있고 거기서 경사진 좁다란 자갈 포장길들이 갈라져 나갔다. 이 도시를 휘돌아 흐르는 강은 마치 성곽 바깥 호 같은 구실을 하며 도시를 지켜 주고 있다. 겨울엔 웅장한 건물들의 흰 돌벽이 매섭게 불어 닥치는 세찬 바람을 막아 주고 여름엔 뜨거운 햇볕이 자갈 포장길을 내리쬐면서 숨 막히도록 화끈거리는 열기가 그 고색창연한 돌들을 달구어 놓는다. 이 도시는 엘 그레꼬의 화폭에 드러나 보이는 바와 같이 신비스러운 분위기를 풍기는데, 엘 그레꼬는 십자가의 요한 수사가 감금되던 해인 1577년에 이 도시에 왔던 것이다.

그러나 요한 수사는 이 고장의 아름다움을 직접 바라볼 수 없었다. 그의 시야는 극도로 제한받고 있었던 것이다. 똘레도에 있는 완화 가르멜 수도원은 스페인에서도 가장 웅장한 건물의 하나로서, 80여 명의 수사들이 아주 안락하게 지낼 수 있을 정도로 규모가 컸다. 그런데도 이 터무니없이 너른 건물 안에서 요한 수사가 갇힌 방은 창고로 쓰기에도 적당치 못한 곳이었다.

그는 수도원의 독방에 감금되었다가 곧 다른 **작은 방**으로 옮겨졌다. 사실인즉 이곳은 손님방에 딸린 골방이었다. 폭이 6피트, 길이가 10피트밖에 되지 않고 창문도 없었으며 견고한 나무 문짝이 빛을 완전히 가로막고 있었다. 복도와 방을 갈라 놓은 벽 꼭대기의 2인치가량 벌어진 틈으로 한 줄기 가느다란 빛이 새어 들어오는 것이 고작이었다. 요한 수사가 책을 읽으려면 어떤 물건 위에 올라서서 책을 위로 받쳐 들고 희미한 빛살에 비춰 보아야만 했다. 그래도 그의 눈에는 글씨가 잘 보이지 않았지만 그는 이런 식으로 어떻게든 성무일도를 바치려고 애썼다.

이 방 안에 들어서서 그 어둠이 눈에 익을 때까지 처음 몇 분 동안 요한 수사는 무서워서 어찌할 바를 몰랐다. 그는 방바닥에 놓인 무엇인가에 걸려 넘어지기도 했다. 차츰 어둠이 눈에 익고 또 손가락으로 더듬어서 그는 자기 잠자리가 어떤 것인지 알 수 있었다. 방바닥에 놓인 널판때기 두어 장, 차디찬 돌바닥과 돌벽의 차가운 습기를 막기에는 너무도 빈약한 낡은 담요 한두 장이 전부였다. 양동이 한 개가 구석에 놓여 있었는데 그것은 변기였다. 그러나 이 용기를 사용하지도 않았는데 지독한 냄새가 코를 찔렀다. 그 방이 수도원 화장실 가까이 있었기 때문이다. 이 어둡고 냄새 나는 방이 그가 수개월 동안 머물러 있어야 할 곳이었다. 사실 이곳은 육체적으로나 정신적으로나 암흑과 번민과, 고통의 지옥 같은 장소였다.

감방의 이런 악조건들은 천천히, 그러나 현저하게 그를 지치게 했다. 음식의 양은 아주 적었고 그나마 매일 똑같은 것이었다. 그것은 가르멜 수사들이 먹고 남은 찌꺼기였다. 시간이 지남에 따라 그는 더욱 쇠약해지면서 노그라지고 편집병 같은 증세를 보였다. 그는 점점 수사들이 자기를 죽이려 하고 있다고 믿게 되었다. 그가 가끔 식사 반찬으로 받아먹는 약간의 정어리에 대한 그의 반응에서 그것이 드러났다. 정어리는 어쩌다 가끔 나왔는데 그래서 더욱더 그 안에 독을 넣었을지도 모른다고 의심하게 되었다. 겁에 질린 그는 그것을 한 입씩 떼어 먹기 위해 안간힘을 쓰지 않으면 안 되었다. 그는 정어리를 먹을 때면 자기를 독살하려 한다고 상상한 그 사람들을 용서함으로써 생각을 딴 데로 돌리려고 애썼다. 제대로 식사를 하지 못해서 그는 우려될 만큼 허약한 상태에 빠지고 말았다. 그런데도 완화 가르멜 수사들은 그런 것은 아랑곳하지 않고 강제로 그를 한 가지 특별한 예식에 꼭 참석시켰다.

  매주 금요일만 되면 요한 수사는 수사들의 공동식당에 끌려 나가 그날의 유일한 끼니로 빵과 물만을 받아먹었다. 다른 수사들이 널따란 식당에서 벽 쪽으로 빙 둘러앉아 식탁에서 식사를 하고 있는 동안 요한 수사는 방 한복판 딱딱한 돌바닥에 무릎을 꿇고 앉아서 빵을 먹었다. 일단 식사가 끝나면 원장은 모든 수사들 앞에서 요한 수사를 향해 장황하게 열변을 토하기 시작하는 것이었다.

요한 수사, 당신은 당신 자신의 명성과 명예만을 탐하여 반항을 고집하고 있소. 당신의 그 완악함으로 당신은 자모이신 성교회와 우리 가르멜 공동체 안에 있는 온갖 미덕들을 파괴하고 있는 거요. 파괴적 세력들이 밖에서 우리 성교회를 공격하고 있는 이 마당에, 요한 당신은 안으로부터 성교회를 약화시키고 있소. 당신은 복종을 거부하고 있소. 순종, 그것이야말로 수도생활에 있어서 가장 근본이 되는 초석인데 당신은 그것을 쓰레기처럼 짓밟아 버리고 있소. 피아첸자의 총회가 당신들, 모든 관상 수도자들에게 앞으로는 새 수도원을 세우지도 말고 특별한 다른 수도복도 착용하지 말 것이며 수련자들을 더 이상 받아들이지 말라고 명하지 않았소? 그런데도 당신들은 그 사악한 방법으로 계속 밀고 나갔소. 총장과 참사회의 지시와 심지어 교황 성하의 대리자가 내린 명령까지도 무시해 가면서 당신들은 우리의 신성한 수도회에 먹칠을 한 것이오. 그뿐 아니라 당신들 자모이신 성교회의 백성들도 걸려 넘어지게 했소. 당신들의 방자스러운 고집이 모든 신도들의 신앙심을 약하게 만들었단 말이오. 당신들로 인해 빚어진 이 같은 무서운 폐단을 눈앞에 보면서도 계속 사악한 고집을 부리겠단 말이오? 당신의 불순종을 통회하시오. 그러면 우리는 당신을 용서하고 다시 우리들의 마음속에 받아들이겠소. 그리고 사탄과 그 졸개들이 득세하고 있는 이 세상에서 신앙을 수호하기 위해 우리와 함께 일하시오. 당신의 불순종을 통회하시오. 우리는 다만 당신이 당신의 서원을 지키고 순명의 덕을 실천하며 교황 대사와 수도회 장상들과 참사회가 내린 지시를 순순히 따르기를 바랄 뿐이오. 당신의 불순종을 스스로 인정하고 교회가 내리는 명령을 따르시오. 그렇게 한다면 당신은 다시금 자모이신 성교회를 위해서 마땅한 봉사를 하게 될 것이오.

금요일만 되면 (갈수록 더욱 자주) 이런 장광설이 수도원 식당의 돌벽을 쩡쩡 울리며 메아리쳤다. 요한 수사에겐 그 말들이 너무도 어이없고 또 고통스럽게 들렸다. 바로 그의 동료 가르멜 회원들, 그 선량하고 진실한 사람들이 그런 말을 하는 것이었다. 도대체 요한 수사가 무슨 짓을 했기에 이토록 가혹하게 다루는가? 그들은 참으로 그에 관해서 말하고 있는 것일까? 교회의 고위층, 예컨대 전 교황 대사의 지시를 그는 순순히 따르지 않았던가? 개혁은 지금 그의 장상이 말하고 있는 것처럼 그렇게 사악한 것이었는가? 비난의 말이 되풀이될수록 그의 의혹은 더욱더 강렬해졌다.

원장의 마지막 말들이 아직 그의 귓전에 울리고 있을 때 모든 수사들은 자리에서 일어나, 일제히 시편 50 **나를 불쌍히 여기소서**를 창하면서 한 사람씩 그에게로 다가갔다. 맨 먼저 장상이, 그다음엔 뒤따르는 다른 수사들이 차례로 이 작은 혁명가의 벗겨진 어깨에다 채찍질을 했다. 여러 개의 매듭이 진 세 겹으로 된 짤막한 밧줄은 채찍질을 가할 때마다 그의 맨살에 자국을 내었다. 요한 수사를 극악한 죄인으로 보는 수사들은 한 차례씩 힘껏 그를 후려쳤다. 그가 너무 가혹하게 다루어지고 있다고 생각하는 수사들은 자기들의 마음과 몸으로 그의 아픔을 함께 느끼면서 할 수 있는 대로 부드럽게 그를 때렸다. 그가 차디찬 골방 속으로 다시 끌려갔을 때 그의 등과 어깨의 상처에선 피가 흘러내렸다.

며칠이 몇 주가 되고 몇 주가 몇 달이 되면서 형편은 더 악화되기만 했다. 수사들은 만일 그가 자기들에게 복종하기만 한다면 어디든 그가 원하는 수도원의 원장으로 세워 주겠다고 약속했다. 심지어 금으로 만든 십자고상도 그에게 주겠다고 했다(얼마나 요한 수사를 모르고 한 말인가!). 뇌물에 관한 소리는 그의 귀에 들어올 리 없었고, 다만 그들이 퍼붓는 비난과 힐책의 소리만이 그의 마음속을 파고들었다. "아마 내가 그른지도 모른다." 그는 생각했다. "어쩌면 저 사람들이 옳은지도 몰라. 결국 나는 내 수도회 장상들에게 순명해야 하는데 바로 이 사람들이 나의 장상들이 아닌가? 나는 몹쓸 고집 때문에 단지 지옥에 던져지려고 이 모든 고통을 겪어야 하는가? 전혀 아무런 근거도 없이 나는 나의 하느님과 내 사랑하는 교회로부터 떨어져 나가야 하는 가? 내가 정말 마귀들을 섬기고 있단 말인가?" 그는 더이상 자신의 입장에 확신을 가질 수 없는 지경에까지 이르렀다.

곰팡이 피고 악취 나는 차가운 방에 갇혀 제대로 먹지도 못하고 몇 주를 보내면 그만큼 희생을 치를 수밖에 없다. 그의 체중은 계속 줄어들었다. 그리고 입맛까지 떨어져서 며칠씩 음식을 전혀 입에 대지도 못했다. 이렇게 몇 달을 갇혀서 지냈으니, 제대로 못 먹고 잠도 못 자고 햇빛 구경도 못한 탓에 이질에 걸려 고생했다. 게다가 며칠씩 변기통을 비우지 못하게 하여 지독한 냄새가 코를 찔렀다. 그런데도 완화 가르멜 수사들은 만족할 줄을 몰랐다.

그들은 개혁 가르멜에 대한 요한 수사의 충성심을 꺾으려고 계속 일을 꾸몄다. 그들은 그가 감금되어 있는 방문 가까이서 개혁 그룹의 다른 사람들은 모두 굴복하고 완화 가르멜로 되돌아왔다고 떠들곤 했다. 그리고 어떤 때는 요한 수사를 시외에 있는 빈 우물 속에 던져 넣어도 그 누가 알 것이냐며 큰 소리로 주거니 받거니 했다. 그를 곯리려고 과장해서 꾸며대는 그들의 말을 듣고서 요한 수사는 실제의 사정을 아주 곡해하게 되었다. 개혁 그룹의 모든 수사들이 — 심지어 지도자들까지도 — 개혁운동을 포기하고 만 것이 확실해 보였다.

마음이 산란해진 요한 수사는 이 지겨운 곤욕을 치르며 버티는 것이 과연 온당한 일인지 의혹을 품기 시작했다. 그는 하느님이 제발 자기 목숨을 거두어 가시길 바라기까지 했다. 사실 그가 자신을 위해서 간구한 것은 이것뿐이었다.

하지만 이러한 해방도 그의 몫으로 돌아오지 않았다. 도리어 그 온갖 육체적인 고통과 마음의 갈등에 보태어 더 무섭고 지독한 또 다른 시련이 덮쳐 왔다. 이제까지 하느님은 그의 삶의 흔들림 없는 한 부분이 되어 왔다. 메디나 델 캄포의 라 부바 병원에서 보낸 어린 시절부터 시작하여, 그 후 같은 도시에서 또 살라망까에서 가르멜 생활을 해 오는 동안 그는 줄곧 하느님의 현존을 깊이 의식해 왔다. 두루엘로에서의 생활은 참으로 놀랄 만큼 가슴 벅찬 것이었다. 그 목가적인 환경에서 보낸 몇 달 동안 하느님은 정말 가까이 계시는 것 같았다. 강생 수도원에서 하느님과 함께한 기쁨조차도 두루엘로의 그것에 비하면 무색하게 여겨졌다. 이곳 똘레도에 감금된 처음 몇 달 동안은 견디기 어려웠지만 그런대로 늘 기도를 바치면서 하느님이 자기와 함께 계심을 느낄 수 있었다.

그런데 이제 사정이 완전히 달라졌던 것이다. 그는 하느님의 철저한 부재를 뼈저리게 체험했다. 이것은 대부분의 신자들이 경험해 보는 그런 가벼운 순간적인 부재가 아니었다. 그것은 전면적인 부재였다. 자신의 전 생애, 과거와 현재, 모든 것이 헛된 것같이 생각되었다. 그는 더 이상 기도를 드릴 수 없었다. 하느님에 대한 생각 바로 그것이 그를 번민케 하고 육신의 고통까지도 더해 주었다. 그는 아주 버림받은 것 같아 자포자기했다. 그는 글자 그대로 썩어서 해진 속옷을 몸에 걸치고 무섭게 앓았다. 몸가짐이 지나칠 만큼 깔끔했던 그가 몇 달 동안이나 세수도 할 수 없었다. 여름의 무더위가 시작되자 숨이 막혀 견딜 수 없는 지독한 열기가 그를 괴롭혔다. 그가 갇혀 있는 골방은 화덕이나 다름없었다. "도대체 이 고약한 하느님은 어디에 있단 말인가? 내가 왜 여기에 와 있는가? 왜? 무엇 때문에?" 여러 해가 지난 다음 십자가의 요한 수사가 하느님의 정화의 불꽃에 관해서 묘사했을 때 그는 이때의 경험을 회상했던 것 같다. 그는 다음과 같이 말했다.

… 영혼은 모든 것을 박탈당하고 격심한 정신적 고뇌에 시달린다. 이 고통은 보통으로 감각기관에까지 차고 넘친다. 정화의 불꽃이 숨막힐 정도로 압도적이기 때문이다. 이 예비적인 정화 단계에서 그 불꽃은 한 영혼에게 밝음이라기보다 오히려 어둠일 뿐이다. … 감미로운 것이 아니고 고통스러운 것이다. 비록 때로는 사랑의 따스함을 느끼게도 해 주지만 거기에 고통과 고뇌가 따르는 것이

다. 그것은 후련하기는커녕 진을 빼고 들볶아서 사람을 기진케 하여 자각의 괴로움을 느끼게 한다. 그래서 그 불꽃은 영혼에게 영예로운 것이 아니라, 오히려 자기 자신을 알게 하여 그 영적인 깨침으로 자신의 비참함을 느끼고 고뇌에 지치게 한다. 이 단계에 있는 사람은 그 지성을 들쑤시는 오뇌의 시련에 시달리고, 의지는 바싹 메말라 기진맥진하고 기억 속에서는 자신의 비참한 신세만 무겁게 되새기며 신음한다. 그는 영혼의 가장 깊은 데까지 자포자기와 극도의 빈곤과 메마름과 차가운 불감증, 때로는 뜨거운 고뇌로 신음한다. 아무것도 그의 고통을 덜어 줄 수 없고, 그에게 위로가 될 만한 한 가닥 상념도 떠오르지 않는다. 그의 마음을 하느님께로 들어 올릴 수도 없다. 그는 이 정화의 불꽃에 짓눌려 있기 때문이다. … 영혼이 이 모든 고통을 한꺼번에 당할 때는 정말로 하느님께서 자기를 괘씸하게 여기시고, 잔혹해지신 것처럼 생각된다.[3]

영적으로 당하는 고통과 번민을 간단히 서술하기란 쉬운 일이 아니다. 그는 으깨어지고 으스러졌다. 그 암흑의 구렁에서 일어나지 못하고 홀로 철저하게, 홀로 번민하며 괴롭고 쓰라린 영혼의 맨 밑바닥에서 터져 나오

---

[3] *Living Flame of Love* – B I, 19-20, BAC, 838.

는 울부짖음을 토하곤 했다. 모든 일이 허사로 돌아갔다. 그런데 이러한 번민에다 뜻밖의 욕정과 갖가지 욕망이 무섭게 치밀어 오르는 것이 아닌가. 자기 안에 있었으리라고는 전혀 상상도 못했던 것들, 또는 이미 오래 전에 스스로 억눌러 없애 버렸다고 생각한 것들이었다. 그 욕망들이 의식 속에 거듭거듭 되살아나는 것이었다. 그는 예민하고 상상력이 풍부하여 그 욕망의 대상이나 장면들이 눈에 선하게 떠오르곤 했다. 모든 것이 그를 질질 끌어다가 암흑 속에 내동댕이치고 있는 것 같았다. 그 모든 것을 물끄러미 바라보고 또 그런 자기 자신을 돌이켜 보면서 괴로워하는 것 외에 다른 아무것도 할 수 없었다. 몇 날 몇 주를 두고 육체와 정신에 가해지는 이 맹렬한 공격은 무자비하게 계속되었다. 심신을 으깨는 고통 속에서 그는 근근이 연명해 갔다. 어느 누구도 그에게 말을 걸어오지 않았고 그 자신도 말을 걸 사람도 없었다. 이것은 그가 견디어 내야 하는 가장 혹독한 시련이었다. 이런 무서운 시련이 정확히 얼마나 계속되었는지는 모르겠지만, 1578년 5월 그는 최악의 상태에서 헤어날 수가 있었다. 그는 재기했던 것이다. 신앙의 삶이 새로운 단계로 접어들게 되었다. 그는 살아남았고 더구나 성숙하고 있었다. 그의 체험은 영혼이 하느님께로 나아가면서 겪어야 하는 캄캄한 밤을 묘사하는 기본적 양식이 되었다.

1578년 봄, 십자가의 요한 수사에게 성 마리아의 요한이라는 수사가 새 간수로 보내어졌다. 이 새로 온 간수 수사는 다른 수사들이 지난 몇 달 동안 수인을 얼마나 고약하게 다루었는지 보아 왔다. 요한 수사와 가까이 접촉하면서 그는 곧 요한 수사의 그 친절하고 온유하고 참을성 있고 침착하고 성실한 참모습을 볼 수 있었다. 그뿐 아니라 그는 갇혀 있는 수사에게 당장 개선의 변화를 주어야 한다는 것도 알게 되었다. 그래서 그는 우선 요한 수사가 투옥되던 날부터 지금까지 입고 있는 낡은 속옷을 갈아입도록 깨끗한 새 내의를 그에게 가져다주었다. 또 요한 수사가 전혀 기대하지도 않았던 호의가 베풀어졌다. 그는 다른 수사들이 낮잠을 자는 시간에 요한 수사의 감방 문을 열어 주어 그가 바깥에 나와 거닐며 햇빛도 보고 신선한 공기도 쐬게 해 주었던 것이다. 간수의 이러한 배려에 마음 깊이 고마움을 느낀 나머지 요한 수사는 늘 속옷 안 가슴에 차고 있던 청동 고상이 달린 작은 나무 십자가를 그에게 선사했다. 이렇게 두 사람의 관계가 점차 도타워지자 요한 수사는 기회를 보아 필기를 할 수 있는 종이와 잉크, 그리고 펜을 얻을 수 없겠느냐고 물어보았다. 그 간수는 조금도 주저하는 기색 없이 응낙했고, 요한 수사는 그토록 오랫동안 가지고 싶었던 물건들을 이내 얻을 수 있었다.

요한 수사는 그곳에 여러 달 갇혀 있었는데, 특히 마지막 몇 주간은 특이한 방법으로 바쁘게 지냈다. 그는 정신을 가다듬어 삶의 기운을 추스르려고 애쓰며 시를 짓기 시작했다. 그의 상상력은 그로 하여금 그 무의미한 감방을 벗어나 시골길을 거닐 수 있게 해 주었다. 그는 세고비아의 북남풍이 부는 평원과 알카자르 궁전 아래 절벽을 감돌아 흐르는 은빛 에레스마 강의 거센 물결 소리를 회상했다. 마음속에 펼쳐지는 우거진 수풀과 푸른 풀밭을 누비고 다니면서 온갖 아름다운 것들을 손으로 만져 보기도 하고 그 신선한 향기에 취해 보기도 했다. 그는 또 서로 사랑하며 열정에 불타는 연인들도 볼 수 있었다. 그리고 그는 자기가 몹시도 좋아하는 성서의 아가와 몇몇 시편들을 상기했다. 그 어둡고 습기 찬 감방 속에서 그는 자기 마음속에 엮어 두었던 것을 이제 종이에 적기 시작했다. 이렇게 해서 그는 『영혼의 노래』 처음의 31연과 **신앙으로 하느님을 뵈온 환희에 찬 영혼의 찬가**, **복음 "한 처음에 말씀이 계셨다"에 관한 서사 단편시들**, **시편 "바빌론 강가에 앉아서"에 관한 단편시들**을 썼다. 그는 간수 수사에게 얻은 종이에 이 모든 글귀를 조심스럽게 옮기고 그것들을 바로 곁에 숨겨 두었다. 거기에는 그가 어떤 사람인가를 보여 주는 영혼의 괴로움과 아름다움이 함께 담겨 있었다. 이 몇 편의 글들은 요한 수사 자신의 영적인 변천 과정을 표현한 것이었다. 그는 자신의 고통을 이렇게 극복했다.

> 바빌론 강둑 그 위에 주저앉아 울었노라. 거기 눈물이 땅을 적시었노라. 사랑하는 시온아, 너를 못 잊어 하며 즐겁던 네 추억에 눈물 더욱 서러웠노라. … 내 안에 죽으며 있었노라. 네 안에 다만 숨 쉬었노라. 너로 해 스스로 죽어 가고 너로 해 또다시 살아나고 … 귀양 땅 이방인들이 회희낙락 즐길 적에 철없이 기뻐 날뜀을 어리둥절 보노라니 내 부르던 시온 노래를 그들이 물어 이르더라. … 남의 땅이라 더욱더 서러운 시온인 것을 어이하리. 시온에 두고 온 내 즐거움을 나로서 어이 노래하리.[4]

이보다 더 잘 알려진 작품 『영혼의 노래』는 그가 감방 안에서 깊이 깨치어 이해하게 된 사랑하는 임에 대한 그의 애타는 그리움을 말해 주고 있다. 그는 마음속으로 이러한 작품들을 썼다가는 또 고쳐 쓰곤 하면서 제정신을 지탱해 나갈 수 있었던 것이다. 그러나 그의 건강 상태는 계속 악화되고 있었다. 그는 날로 죽어 가고 있었다. 한여름의 찌는 듯한 더위는 점점 심해지고, 그는 그 더위를 견디어 낼 수 없었다. 아직도 그는 죽을

---

[4] *A Romance on the Psalm "By the Rivers of Babylon" (Ps. 136)*, BAC, 939-40.

까 봐 두려움을 느끼고 있었다. 모든 고통은 여전히 계속되었지만 그것이 이제는 더 이상 그를 지배하지는 않았다. 그는 꿋꿋이 버티어 나갔고 시련이 계속되는데도 목숨을 부지하며 성숙해 갔다.

그의 몸은 쇠약해질 대로 쇠약해져 가누기도 힘들었지만, 그는 자기가 무언가 시도하지 않으면 안 된다는 것을 깨닫게 되었다. 성모 승천 대축일을 바로 앞두고 뜻밖의 사람들이 찾아왔을 때 그는 이 결심을 굳히게 되었다. 감방 문이 열리고 원장과 다른 두 명의 수사들이 들어왔다. 십자가의 요한 수사는 방바닥에 웅크리고 앉아 있었다. 꼼짝도 하지 않는 요한을 보고 기분이 몹시 상한 원장은 "장상이 들어왔는데도 왜 일어서지 않아?" 하면서 요한 수사를 발로 걷어찼다.[5] 기력이 없는 작은 수사는 간신히 일어서서 자기 건강이 좋지 않고, 또 자기는 간수가 들어온 줄로 알았다고 말하며 사과했다. 이때 요한 수사는 마음을 다잡아 다음 날이 성모 승천 대축일이니 미사를 드릴 수 있게 해 달라고 간청했다. "절대로 그건 안 되지, 내가 살아 있는 동안은." 원장은 재빨리 표독스럽게 대꾸했다. 그의 쌀쌀한 거절과 동시에 그를 따라 들어왔던 두 명의 수사 가운데 하나가 원장에게 말했다. "원장님, 나가시지요. 이 짐승 우리 같은 광

---

[5] BNM Ms. 12738, fol. 138.

에서 빨리 나갑시다. 냄새가 너무 고약합니다."[6] 문이 쾅 닫히고 자물쇠가 채워졌다. 그 순간 요한 수사의 마음속에서 결단의 문이 열렸다. 탈출만이 그에게 열려 있는 유일한 길임이 분명해졌던 것이다.

  요한 수사는 자기에 대한 제재 조치들을 새 간수가 완화해 주자 수도원 안의 자기가 갇혀 있는 구역을 자세히 살펴보기 시작했다. 옆방과 복도를 살펴보니 발코니가 달린 창문이 하나 있었는데 거기서 12피트 정도 아래에 도시의 성벽과 절벽 밑의 타구스 강물이 내려다보였다. 어떻게 해서라도 이곳을 빠져 나가야 한다는 생각에서 그는 더욱 유심히 주변을 관찰했다. 하루는 그 창문으로부터 성벽까지의 거리가 얼마 정도인지 재보기로 했다. 다 해어져서 누더기가 된 수도복을 기워 입으라고 준 실을 가지고 한쪽 끝에다 작은 돌멩이를 달아서 창 밖으로 내려뜨려 보았다. 이렇게 대충 재 보고도 자기 키를 참작하여 성벽까지는 뛰어내릴 수 있을 것 같은 짧은 거리라는 것을 알았다. 탈출은 가능해 보였으나 문제점은 한두 가지가 아니었다. 혹시 밤에 도망을 하다가 누구를 깨우게 되어 붙잡히면 어떻게 될까? 방문은 어떻게 열 것인가? 창문으로 내려가려면 무엇을 밧줄 대용으로 쓸 것인가? 그것이 정말 가능할까?

---

[6] Alonso de la Madre de Dios, *Vida, virtudes*, BNM Ms. 13460, fol. 126.

요한 수사는 마냥 주저하고만 있을 수 없었다. 기회를 잡아야 했다. 그는 도주 계획을 짜기 시작했다. 매일 감방에서 나갈 때마다 그는 감방 문 자물쇠의 나사못을 빼었다가는 다시 끼워 놓으면서 나사를 헐겁게 만들었다. 그는 탈출할 날짜를 정해 놓고 그 마지막 날까지 이 일을 되풀이했다. 그래서 안에서 문을 밀기만 하면 자물쇠가 밑으로 떨어지고 그가 밖으로 나갈 수 있도록 나사못을 아주 헐겁게 해 놓았다. 수사들은 꽤 멀리 떨어진 데서 자고 있으니 자물쇠 떨어지는 소리에 깨어나지는 않을 것이었다. 그날 그는 자기 담요를 여러 가닥으로 찢어 이어서 긴 줄을 만들었다. 그 길이는 12피트 가량 되었는데 그 정도면 충분할 것 같았다. 양초 램프의 손잡이를 떼어 그 줄 끝에 달아매었다. 갈고리 삼아 발코니에 줄을 걸어서 늘어뜨릴 셈이었다. 준비는 다 된 것이다. 다음 날 낮잠 시간에 밖으로 나왔을 때 그는 그날 밤 탈출할 준비를 재점검해 두었다. 그가 감방으로 돌아왔을 때 간수는 자물쇠가 헐거워진 것을 알아채지 못했다. 요한 수사는 감방 안에 들어앉아서 조금은 걱정하면서도 도망할 결심을 굳히고 있었다.

그런데 뜻밖의 일이 생겨 그의 계획을 위협했다. 그날 밤에 두 명의 손님 수사들이 그의 감방 옆에 있는 방에서 묵게 된 것이다. 몹시 무더운 밤이어서 손님 수사들은 바람이 통하도록 방문을 열어 놓았을 뿐 아니라 침대를 문 쪽 가까이 옮겨 놓았다. 이렇게 하면 조금은 시원할 것이었다. 불행히도 그들은 일찍 잠들지 않고 밤이 이슥하도록 서로 이야기를 나누는 것이었다. 그러는 동안 요한 수사는 자기 결심과 씨름을 하고 있었다. 도망을 연기해야 할 것인가? 어쩌면 다른 기회가 더 나을지도 모른다. 이런저런 궁리 끝에 그는 예정대로 결행하기로 작정했다. 그는 사위가 조용해질 두 시가 될 때까지 마음을 졸이며 기다렸다. 드디어 시간이 되자 그는 힘주어, 그러나 가만히 문을 밀었다. 자물쇠가 바닥에 떨어지는 소리가 그의 귀에는 마치 대포 소리처럼 크게 들렸다. 그 소리에 잠을 깬 옆방 손님들이 "거 누구요?" 하고 고함을 질렀다. 꼼짝하지 않고 서 있는 요한 수사의 심장은 곧 터져 버릴 것만 같이 방망이질을 했다. 그는 숨을 죽였다. 저들이 일어날 것인가? 다행히 그들은 밖에서 무슨 소리가 난 것으로 여겼는지 다시 잠들었다. 어두운 밤이어서 마룻바닥의 물체 그림자들을 겨우 분간할 수 있었다. 자기가 만든 밧줄을 손에 들고 요한 수사는 조심조심 잠자는 손님 수사 방 앞을 돌아서 걸어 나갔다. 밖으로 나오자 그는 재빨리 발코니가 있는 창문으로 가서 램프 손잡이를 나무 난간에 걸었다. 그리고 수도복을 벗어 아래 성벽 위로 던진 다음 밧줄을 타고 내려가기 시작했다. 나무 난간은 그의 체중으로 인해 약간 휘어지긴 했지만 별 이상은 없었다. 밧줄 끝까지 내려왔을 때 그는 성벽 윗면에 바로 뛰어내리기 위해서는 몸을 조금 움직여야 한다는 것을 알았다. 그런데 성벽의 폭은 2피트 정도밖에 되지 않았고, 게다가 전날 일하던 일꾼들이 다음 날 수리하기 위해서 성벽의 윗돌들을 빼 놓았기 때문에 자칫 몸을 다칠 위험이 있었다. 또 만약 요한 수사가 실수하여 성벽 저편으로 떨어지게 된다면 울퉁불퉁한 바위 절벽에 굴러 떨어져 타구스 강에 빠져 버릴 위험도 있었다. 이런 위험을 뻔히 알고도 마음을 다잡아 펄쩍 뛰어내렸다. 다행히 바로 성벽 위에 안전하게 떨어졌다. 그는 다시 수도복을 주워 입고 걷기 시작했다.

이제 성벽을 떠나 시내로 들어가는 길을 찾아내야 했다. 똘레도에 있는 맨발 가르멜 수녀들을 찾아야만 했다. 오직 이 생각만이 그의 마음을 급하게 했다. 그들은 분명히 자기를 도와줄 것이라고 그는 확신하고 있었다. 그는 성벽을 따라 조심스럽게 걸어갔다. 희미한 달빛이 그의 길을 비추어 주었다. 마침 좁은 골목길로 여겨지는 곳이 눈에 띄어 그는 아래로 뛰어내렸는데 그곳은 근처에 있는 수녀원의 정원이라는 것을 알고 몹시 당황했다. 만약 여기서 잡히게 되면 엄청난 추문이 되어 전보다 더 엄격한 감시를 받으면서 다시 감옥 생활을 해야 할 판이었다. 그는 빠져 나갈 길을 찾아 정신없이 이리 뛰고 저리 뛰었다. 성벽은 매우 높았고 게다가 그는 감방에서 겪은 고초로 몹시 쇠약해진 탓으로 도저히 성벽을 기어오를 수 없을 것 같았다. 당황하여 허둥대니 심장은 더 심하게 고동쳤다. 숨이 차고 온몸에 진땀이 비 오듯 흘렀다. 전신이 떨리며 아팠다. 그러나 그는 죽을 힘을 다해 성벽의 모퉁이를 기어 올라가지 않을 수 없었다. 어떻게 하여 자기가 거기에 도달했는지 알 수 없었지만, 그는 다시 성벽 위에 올라섰다. 한참 동안 성벽을 따라 걸어가다가 이번에는 틀림없이 도로라고 생각되는 곳으로 뛰어내렸다.

아직 어둡기는 했지만 곧 날이 밝을 시간이었다. 어떤 여자가 그를 보고, "수사 양반, 밖으로 나다니기엔 아직 너무 어두우니 내 집에 가서 함께 시간을 보내요" 하며 자기 집으로 안내하려 했다. 그는 더욱 빨리 걸음을 재촉했다. 근처에 있던 다른 여자들이 그를 조롱하며 등 뒤에서 불러 대었다. 그는 뛰기 시작했다. 숨이 차서 더 이상 뛸 수 없을 때까지 뛰었다. 수녀들은 어디쯤 있을까? 그는 마침내 수녀원 쪽으로 가는 길을 찾아냈다. 그가 수녀원에 당도했을 때는 아직 너무 이른 시간이었기 때문에 근처에 있는 한 가정집 뜨락에 앉아서 숨을 돌렸다. 마침 귀가하던 주인이 인도해 주었던 것이다.

조금 있자니 수녀들의 아침 기도 시간을 알리는 종소리가 울려왔다. 그는 수녀원 문으로 달려가서 초인종을

울렸다. 문간 수녀가 나왔을 때 십자가의 요한 수사는 완전히 기진맥진한 상태가 되어 있었지만 다행히 피신처를 찾았기에 마음을 놓고 말했다. "수녀님, 나는 십자가의 요한 수사입니다. 방금 감옥에서 탈출해 나왔습니다. 부디 원장수녀님에게 가서 내가 여기 있다는 것을 알려 주시오."[7]

전갈을 받은 안나 데 로스 안젤 원장수녀는 급히 현관으로 달려 나왔다. 마침 한 수녀가 병상에서 고해성사 받기를 청했는데 원장수녀는 요한 수사가 임시로 온 고해신부인 줄 알고 그를 봉쇄구역 안으로 안내했다. 아픈 수녀에게 고해성사를 준 뒤 요한 수사는 수녀들에게 말을 걸었다. 수녀들은 그의 모습을 보고 기겁을 했다. 땟국이 흐르는 헐렁한 수도복, 지치고 창백한 얼굴, 믿을 수 없을 만큼 야윈 그의 몰골은 처량하기 짝이 없었다. 수녀들은 그에게 먹을 것을 가져다주고 그의 이야기를 들었다.

한편 요한 수사가 탈출한 것을 안 완화 가르멜 신부들은 수사들을 풀어 찾기 시작했다. 두 수사가 와서 수녀원 성당에 그가 숨어 있는지 보려고 성당 열쇠를 달라고 했다. 그를 찾지 못하자 그들은 열쇠를 돌려주며 혹시 수녀들이 그에 대해 무언가 아는지 떠보았다. 문

---

[7] BNM Ms. 12738, fol. 386.

간 수녀가 그들의 질문을 재치 있게 피해 수사들은 그냥 돌아갔다.

그러나 원장수녀는 십자가의 요한 수사가 자기들과 함께 오래 머물러 있을 수 없다는 것을 잘 알고 있었다. 그래서 자기들과 친분이 있고 대성당 참사회 간부로서 똘레도의 성 십자가 병원 책임자인 돈 베드로 곤잘레즈 데 멘도자에게 도움을 청했다. 그는 수녀원에 와서 요한 수사에게 검은 수단을 입혀 신부로 변장시킨 다음 병원으로 데리고 갔다. 병원은 요한 수사가 탈출해 나온 바로 그 수도원 근처에 있었다. 그래서 그는 그의 병실 창문을 통해서 수도원의 발코니가 있는 창문을 볼 수 있었다.

요한 수사는 자유로이 휴식을 취하며 기도를 드렸다. 그 참혹했던 시련은 이제 끝났지만 그의 고난의 삶은 계속되었다.

· · · 다섯 · ·

안달루치아에서의 지도적 활동
(1578~1588)

얼마간의 휴양으로 건강이 조금 회복되자 요한 수사는 똘레도의 은신처를 떠나서 자기 동료들에게로 돌아가고 싶은 마음이 간절했다. 한편, 맨발 가르멜 그룹은 갖가지 어려움에 봉착하고 있었기 때문에 1578년 10월 9일 알모도바 델 캄포에서 다시 집회를 가졌다. 며칠밖에 걸리지 않았지만 이 집회에 참석한 원장들과 개혁 그룹의 간부들은 여러 가지 단호한 조처를 취하기로 결정했다.[1] 1년 전에 새로 부임한 교황 대사로 말미암아 그들은 매우 불리한 입장에 있었으므로 몇몇 간부들이 반대 의견을 표명하기도 했지만 확고한 자세로 밀고 나

---

[1] 대부분의 학자들은 십자가의 요한 수사가 이 집회에 참석했다고 주장하지만 최근 P. Hipolito de la Sagrada Familia의 연구는 그가 참석하지 않았다는 것을 보여 준다: "La 'Vida de S. Juan de la Cruz' por el Padre Crisogono de Jesús. Reparos criticos": *Monte Carmelo* 77 (1969), 8-9.

가 관구장을 선출했던 것이다. 이 같은 일은 또 다른 도전으로 해석될 수 있었고, 사실 그렇게 해석되었다 (이 소식을 들은 교황 대사는 집회에 참가한 간부들 전원에게 파문이라는 벌을 내렸다). 그러나 그들은 계속 일을 추진하여 예수 마리아의 니콜라스 수사와 로스 안젤로의 베드로 수사를 로마에 파견했다. 그리고 그들의 입장을 설명하고 맨발 가르멜 그룹이 완화 가르멜 공동체와 갈라질 수 있도록 교섭을 하게 했다. 마침내 그들은 십자가의 요한 수사를 안달루치아에 있는 엘 갈바리오 수도원의 원장으로 임명했다.

요한 수사는 두 명의 하인과 함께 엘 갈바리오를 향해 길을 떠났다. 돈 베드로 곤잘레즈 데 멘도자가 요한 수사 혼자서 그런 장거리 여행을 하는 것은 무리라고 생각하여 억지로 그들을 딸려 보냈던 것이다. 그가 특별히 건강한 사람이었다 해도 여행은 결코 수월하지 않았을 것이다. 한여름 가뭄으로 메마른 대지는 온통 흙먼지로 덮여 있었다. 그런 삭막한 벌판을 지나 마침내 비교적 기름진 안달루치아의 언덕과 계곡 지대에 이르렀다. 요한 수사는 가던 길을 잠시 멈추고 베아즈의 맨발 가르멜 수녀들을 찾아보았다. 베아즈에 다다랐을 때 그는 몹시 지치고 힘이 빠져서 수녀들이 그를 거의 알아보지 못했다. 그의 기운을 북돋우려고 수녀들이 노래를 부르기도 했지만 그가 워낙 쇠약해진 상태여서 어쩔 수 없이 느껴지는 거리감을 쉽게 물리칠 수는 없었다. 그는 먼 이국 사람처럼 보였다. 그의 얼굴은 섬뜩할 정도로 여위고 일그러져 있었다.

처음 며칠 동안 수녀들과 함께 지내면서도 요한 수사는 말이 없고 소심해 보였다. 얼마큼 휴식을 취함에 따라 차츰 자유롭게 말을 하기 시작하여 긴장을 풀고 수녀들과 어울려 담소했다. 그래도 여전히 몇몇 수녀에게는 별로 깊은 감명을 주지는 못했다.

어느 날 수녀들과 함께 마드레 데레사에 관해 얘기를 나누던 중 요한 수사는 그녀를 두고 "나의 딸"hija mia이란 표현을 썼는데, 이 말이 예수의 안나 원장수녀의 귀에 몹시 거슬렸다. 마드레를 충심으로 위대한 창립자로 여겨 오던 원장수녀는 그녀를 단순하고 무식한 여인인 양 얘기하는 이 젊은 수사를 매우 무례한 사람이라고 생각했다. 후일에 그녀는 요한 수사의 가장 열렬한 제자 중 한 사람이 되긴 했지만, 그의 소심한 성격과 이때의 말투로 인해서 그의 위대한 영적 잠재력을 알아볼 수 없었다. 그녀가 마드레 데레사에게 보낸 편지에는 이 사실이 잘 드러나고 있다. 그녀는 그 편지에서 자기와 자기 수하 수녀들이 영적 대화를 나눌 만한 사람을 찾지 못했다고 한탄했던 것이다. 그러나 마드레 데레사가 회신에서 요한 수사의 자질을 극구 칭찬했기 때문에 안나 수녀는 놀라지 않을 수 없었다.

안달루치아에서의 지도적 활동

그녀와 그녀의 수하 수녀들은 그를 곁에서 지켜보며 그가 하는 얘기를 듣고서 그는 그저 한 사람의 평범한 사제에 지나지 않는다고 생각하고 있었기 때문이다. 결국 원장수녀는 좀 더 주의를 기울여 참으로 깊은 영성을 지닌 한 인간을 바라보게 되었다. 시간이 흘러 수녀들도 그를 더 잘 이해하게 되면 그에게서 많은 것을 배울 것이었다.

엘 갈바리오

수녀원에서 며칠 휴식을 취한 요한 수사는 다시 엘 갈바리오를 향해 길을 떠났다. 베아즈에서 엘 갈바리오까지 먼 거리는 아니었지만, 언덕을 넘고 골짜기를 지나는 도로가 좋지 못한데다 몸이 쇠약하여 여간 고생스러운 여행이 아니었다. 엘 갈바리오에서는 수사들이 기다리고 있었다. 어떤 수사들은 그가 장상으로 오면 틀림없이 수도원 분위기를 엄격하게 일신시킬 것이라고 생각하여 겁에 질려 있기도 했다. 그는 맨발 가르멜 그룹 창립 멤버였고, 일찍이 젊은 학생으로서 메디나 델 캄포와 살라망까에서 몹시 엄격한 생활을 했다는 소문이 그전부터 수사들 사이에 퍼져 말이 많았다. 게다가 이제는 감금 생활까지 경험했으니, 더욱 엄격한 사람이 되어 많은 것을 요구할 것 같았던 것이다. 30여 명의 수사들은 불안한 마음으로 그를 기다렸다.

그러나 정작 십자가의 요한 수사가 수도원에 도착했을 때 수사들은 이 작은 수사의 온화한 태도와 그 친절함에 놀라지 않을 수 없었다. 새로 부임한 이 수사는 시에라 모레나의 이 외딴 수도원에 아주 잘 어울리는 사람이었다. 과일나무들과 올리브 숲, 온갖 초목들이 울창한 언덕이며 계곡들이 그의 마음에 꼭 들었다. 기도하고 휴식을 취하며 맨발 가르멜다운 생활을 하기에 아주 이상적인 곳이었다. 아홉 달 동안의 골방 속 감금 생활과는 아주 딴판이어서 요한 수사는 곧 원기를 회복할 수 있었다.

  엘 갈바리오의 수사들은 매우 검소한 생활을 하고 있었다. 그들은 거의 항상 약간의 마늘과 식초를 넣어 요리한 나물과 채소만 먹고 살았다. 기름과 식초를 넉넉히 사용하는 날은 특별한 날이었다. 그들은 규칙에 따라 가대소에 모여 공동기도를 바치고 다른 시간에는 각자의 독방에서 개인적으로 묵상을 했다. 요한 수사의 독방도 다른 수사들의 방과 똑같이 검소했다. 그의 잠자리는 매트리스 대신 로즈메리 잔가지들을 엮은 나뭇단뿐이었다. 그밖에 작은 책상 하나와 의자 한 개가 방 안에 있는 유일한 가구였다. 장상이건 수하 사람이건 차별 없이 똑같은 대우를 받아야 한다는 것이 그의 소신이었다. 모두가 함께 노동을 하면서 살았다. 식량이 떨어진 날이면 수사들은 조용히 식당에 모였고, 거기서 요한 수사는 그들에게 축복을 주고 자기들을 간택하여 그날 조그마한 어려움을 견디도록 해 주신 하느님께 감사를 드리곤 했다. 이 수도원에서의 생활은 모두가 함께 하느님 안에서 성숙해 가는 생활이었다.

토요일마다 요한 수사는 베아즈 수녀원을 방문하여 수녀들에게 고해성사를 주고 영적 지도를 하며 그들과 함께 미사를 드리곤 했다. 이날은 수녀들도 요한 수사도 마냥 즐거워했다. 당시 베아즈 수녀원에서 생활했던 성령의 막달레나 수녀는 요한 수사가 얼마나 온유하고 친절했는지를 우리에게 전해 주고 있다. "사부께서 말씀해 주실 때는 다른 수녀들도 역시 하느님과 함께하시는 그분 안에 어떤 놀라운 힘이 있다는 것을 느낄 수가 있었다. 그리고 그것이 그들의 영혼에 커다란 변화를 가져다주고 있다는 사실도 깨달았다. 그분은 대단한 금욕생활을 하셨고 하느님 이외의 모든 것을 멀리하셨으며, 또한 지극히 온유하고 친절한 분이셨다"[2]고. 이런 사실들을 통해서 우리는 요한 수사가 후일 자기 시에 관해 주석하게 되는 동기를 보게 된다. 수녀들과의 대화는 그의 마음속 생각들을 명확히 정리하는 데 도움을 주었다. 그는 이런 상념들을 제재로 하여 『영혼의 노래』와 『사랑의 산 불꽃』 같은 빼어난 산문체 주석서를

---

[2] E.A. Peers 편, *The Complete Works of St. John of the Cross*, vol.III, Wheathampstead-Hartfordshire: Anthony Clarke 1974, 297.

엮어 냈던 것이다. 수녀들은 이런저런 모든 일을 통해 요한 수사 특유의 온유함과 박식함 그리고 그의 깊은 인간성을 알아볼 수 있었다.

수녀원에 머무는 동안에도 요한 수사는 그냥 무료하게 시간을 보내는 일이 없었다. 시간만 나면 정원에 나가서 잡초를 뽑고 화단을 손질했다. 그는 흙을 만지며 자연과 가까이 접촉하는 것을 매우 좋아했는데, 그에게 시를 쓰도록 영감을 불어넣어 준 것도 바로 이 자연이었다. 월요일엔 베아즈 수녀원에서 누린 휴식과 평온함을 마음에 간직한 채 엘 갈바리오 수도원으로 돌아오곤 했다.

베아즈 수녀들의 질문에 자극받은 십자가의 요한은 특히 그들의 끈질긴 권고에 못 이겨 자기 시에 대한 주석을 진지하게 집필하기 시작했다. 그리하여 『가르멜의 산길』을 쓰고, 동시에 『영혼의 노래』 일차 초고도 썼다. 또한 베아즈 수녀들을 위해 『영적 권고』도 집필했다. 이 작은 저술은 하느님께 봉헌된 수도자들이 그 신분에 맞갖은 생활을 함으로써 성숙하여 하느님께 더욱 가까이 나갈 수 있도록 도움을 주려는 일련의 권고의 말로 엮어져 있다. 수녀들은 열성적으로 이 책을 읽으며 음미했고, 또 요한 수사가 각 수녀에게 손수 그려준 가르멜 산의 그림을 받고 즐거워했다. 요한 수사는 이 지역에 살고 있는 모든 사람들을 도와주고 상당한 성과를 거두고 있었다. 그러나 그런 가운데서도 마음 한구석으로는 쓸쓸하기도 했다. 그는 자기 고향 까스띨로 돌아가고 싶었다. 고향 사람들과, 싱싱한 소나무들이 우거진 산, 또 한여름의 태양이 타는 듯이 내리쬐는 북부 지방의 초원 등 그 풍경이 그리웠기 때문이다. 낯선 남부 지방에 와서 버림받은 것 같은 신세로 자기 고향 사람들과는 판이한 사람들 가운데서 두 해를 살고 나니 외로워서 어머니와 형을 다시 한 번 보고 싶었다. 그러나 그가 까스띨로 돌아가는 일은 몇 년 더 뒤로 미루어야 했다. 바로 이때 바에자에서 그를 필요로 하고 있었다.

바에자

바에자는 16세기 스페인에선 꽤 중요한 도시였다. 5만여 주민들이 살고 명문 대학도 하나 있어서 안달루치아 지방의 맨발 가르멜 수도원을 새로 세우기에 적합한 고장이었다. 바에자 대학의 몇몇 지도급 인사들이 맨발 가르멜회에 관한 소문을 듣고 이 수도회가 자기들의 도시에 와서 수도원을 세울 수 있도록 최대의 노력을 기울였다. 맨발 가르멜 회원들은 몇 차례 논의 끝에 이 도시가 수사들을 교육하기 위한 신학원 자리로 아주 적합하다는 데 의견을 모으고, 십자가의 요한 수사를 초대 원장으로 임명하여 일을 추진케 했다. 요한 수사는 기숙사를 세울 자리를 물색한 다음, 이 새로운 창설 업무를 함께 추진할 사람들을 선택해야 했다. 그는 맨발 가르멜회의 최초의 신학원인 이 성 바실리오 꼴레지오를 세우기 위해 수사 세 사람을 뽑아서 이들과 함께 1579년 6월 13일 이른 새벽 엘 갈바리오를 출발하여 바에자로 향했다. 30마일 가량을 도보로 여행하고 밤 늦게야 도착한 그들은 이튿날인 1579년 6월 14일 삼위일체 대축일 아침에 개원 미사를 봉헌할 수 있도록 경당을 마련했다.

  신학원은 대학에서 별로 멀지 않은 곳에 위치해 있었고 우베다 망루가 바로 근처에 있었다. 현재는 신학원이 서 있던 자리에 커다란 현대식 건물과 정원이 있는 미술 공예학교가 들어서 있고, 멀지 않은 곳에 무어 양식의 성벽이 보인다. 가르멜회의 다른 수도원들처럼 이 신학원도 도시의 변두리에 자리 잡고 있었다. 도심지는 아니어도 성벽 안쪽에 있었고, 따라서 성벽과 아주 가까웠다. 신학원에서 대학으로 가는 길에 요한 수사는 감시탑이 있는 우베다 망루의 아치 너머로 대성당의 갈색 기와지붕을 볼 수 있었다. 그러나 자갈로 포장된 좁은 거리에 빽빽이 들어선 돌집들로 인해 대성당의 전경은 볼 수 없었다. 좁은 길들은 완만한 경사를 따라 오르내리며 꼬불꼬불 이어져 도시의 중심부로 향하고 있었다. "성 마리아의 샘"옆에 있는 으리으리한 이 대성당에 당도하면 대학과 성당의 육중한 석조 건물들을 가까이서 볼 수 있었다. 많은 문의 둘레와 위에 화려한 조각물을 곁들인 정방형의 단층 대학 건물은 중세 건축기술의 불후성을 상기시킨다. 이 문화도시에는 베아따(평신도 수녀)라 불리는 여인들이 살고 있었는데, 이들은 자기 집에서 살면서도 수녀들과 같은 복장을 하고 있었다. 이 도시에서 요한 수사는 2년을 지냈다.

바에자 신학원의 원장으로 있으면서도 그의 생활은 별로 달라진 점이 없었다. 그에게 수도생활의 가장 중요한 요소는 변함없이 청빈이었다. 수사들에게 줄 침대용 요나 베개, 그 밖에 필요한 물건들이 모자라는 경우에도 요한 수사는 당가수사가 은인들한테 가서 그런 것들을 얻어 오는 것을 허락하지 않았다. 그는 자주 "우리가 필요한 대로 다 가진다면 청빈은 어떻게 되는가?"라고 말했다.[3] 마치 자기 동료 수사들에게 청빈생활을 실지로 익히게 하려는 듯이 그는 대학의 누가 자기들의 가난한 형편을 딱하게 여겨 요나 그 밖의 물건을 선사하려고 해도 거절하곤 했다. 그는 또한 모든 맨발 가르멜 회원들이 생활의 중심으로 삼아야 한다고 주장해 온 묵상기도를 끊임없이 강조했다. 바에자 시민들은 종일토록 거리에서 수사들을 구경하지 못했다. 그것은 수사

---

[3] BMC vol.14, 62 (BNM Ms. 12738, fol. 217).

들이 외출을 삼가고, 대학에 간다거나 혹은 병자를 방문할 때에만 바깥출입을 했기 때문이었다. 한번은 오후 교정 집회 때 관구장이 요한 수사더러 부유하고 유력한 평신도 유지들을 좀 더 자주 방문하지 않는다고 책망한 적이 있었다. 이때 요한 수사는 관구장 앞에 나아가 부복하고는, 만일 자기가 그런 사람들을 찾아가야 할 시간에 하느님께 그들의 마음을 움직여 신학원에 필요한 물건을 베풀도록 해 주십사고 간청하고, 또 그들이 실제로 그렇게 했다면 그것으로 넉넉지 않겠느냐고 했다. 이에 대해 관구장은 아무 대꾸도 못했다. 요한 수사는 이렇게 자기 주장을 떳떳이 내세우곤 했다. 그의 견해는 설득력이 있었다. 그는 언제나 말에 앞서 솔선수범했고, 이런 식으로 그는 새로 설립한 신학원의 생활 기풍을 확립했다.

  요한 수사의 나날은 그저 평범한 일과로 엮어졌다. 그는 집 안을 청소하고 성당을 정돈하며 손을 보아야 할 곳이 있으면 직접 수리를 하곤 했다. 그는 장상이란 지위를 내세워 공동체의 규정된 일과를 면하려고 하지 않았다. 십자가의 요한 수사는 항상 자신을 함께 생활하고 일하는 많은 형제들과 똑같은 한 사람으로 생각했다. 어쩌다 틈이 나도 쉬지 않고 『가르멜의 산길』과 『영혼의 노래』를 계속 집필하면서 기도를 드리고 또 성서를 읽었다. 그는 밤에 흔히 두서너 시간만 눈을 붙이고는 성당에 가서 기도하며 나머지 시간을 보내곤 했다. 그러다가 종종 두건을 쓴 채 성당 바닥에 머리를 조아리곤 했다. 그는 이렇게 거기에서 자기 하느님과 함께 휴식을 취했던 것이다.

  그는 전례를 매우 중요시했다. 언제나 열성적으로 공동기도에 참석했고, 제단이나 제의를 청결히 하는 데 지나칠 만큼 마음을 썼다. 그뿐 아니라 특별한 축일엔 창의력을 발휘했다. 가령, 성탄 시기에는 수사들과 연극을 하곤 했다. 수사들이 수도원 이곳저곳에 흩어져서 베들레헴의 여관집 주인 노릇을 하면 그와 다른 수사들은 성가정 역을 맡아서 했다. 그는 수사들이 모인 곳을 찾아다니며 성탄의 놀라운 신비를 말해 주곤 했다. 그럴 때마다 그의 얼굴은 환히 빛나고 생기가 돌았다. 눈빛은 밝고 기쁨이 넘쳤다. 도나 마리아 데 빠즈라는 바에자의 한 베아따(평신도 수녀)는 계절이 바뀌어 요한 수사를 만나면 그의 온몸, 특히 얼굴은 그 계절의 독특한 분위기를 그대로 반영하는 것 같다고 말한 적이 있다.[4] 눈여겨보면 외모에서 속마음을 읽을 수 있는데, 요한 수사도 마찬가지였다.

  그는 시간에 대해서 유별나게 고지식한 사람이었다.

---

[4] BMC vol.14, 45 (BNM Ms. 12738, fol. 184. Martin de la Asunnción도 같은 말을 했다: BMC vol.14, 88 (BNM Ms. 12738, ca. fol. 132).

어느 날 누가 신학원에 미사 예물을 가지고 찾아와서 자기가 지정하는 몇몇 날짜에 미사를 드려 달라고 부탁했다. 그런데 그 날들엔 이미 다른 미사 약속이 되어 있기 때문에 요한 수사는 그 사람의 미사 예물을 받지 말라고 지시했다. 이때 그를 보좌하는 한 수사가 하루 이틀 사이가 뭐 그리 중요하냐고, 더구나 당장 돈 쓸 일도 있고 하니 미사 예물은 그냥 받고 다음 날 미사를 드리면 되지 않겠냐고 말했다. 요한 수사는 단호하게 수도자는 무엇보다 먼저 진실해야 하고 필요한 것이 있으면 하느님께 의탁해야 한다고 주장했다.

성녀 유뻬미아의 요한 수사는 십자가의 요한 수사의 아주 인상적인 성품을 다음과 같이 묘사하고 있다.[5] 가르멜회에서는 회헌에 따라서 장상이 각 수사들의 독방을 순시하면서 수사들이 규칙을 잘 지키고 있는지 살펴보는 관습이 있었다. 요한 수사도 장상으로서 그렇게 했다. 그러나 그가 순시를 할 때면 늘 묵주 짤그락거리는 소리를 크게 내어 자기가 순시하고 있음을 수사들이 알 수 있도록 예고해 주었다. 그는 결코 누군가의 잘못을 잡아내기 위해서 순시를 하는 것이 아니었다. 그에게 규칙을 지키는 일은 형제들이 수도생활을 더 철저히 하도록 도와주는 하나의 수단이었다. 이처럼 인정미 넘

---

[5] BMC vol.14, 28 (BNM Ms. 12738, ca. fol. 144).

치고 자상한 그의 성품은 휴식 시간에도 드러났다. 저녁 식사가 끝나면 수사들은 요한 수사의 얘기를 들으면서 휴식을 즐기려고 공동방으로 모여들었다. 그가 하는 얘기들이 너무도 재미가 있어서 수사들은 언제나 웃으면서 느긋한 마음으로 그 방을 떠나곤 했다. 일상사에 관한 얘기든 영성 문제에 관한 얘기든, 그의 이야기를 들은 수사들은 공동방을 떠날 때 언제나 기쁘고 흐뭇했다. 사실, 이 저녁 휴식의 만남을 모든 수사가 즐거운 마음으로 기다렸다. 식복사(식사 때에 수도자들을 도와 시중드는 사람 — 편집자 주)를 맡은 수사들은 그 자리에 빨리 참석하려고 흔히 식사를 거르기도 했다. 인정미 넘치고 자애로운 사람만이 이러한 사랑과 헌신적 존경을 받을 수 있는 것이다.

 요한 수사의 따스한 마음씨는 병자들에 대한 관심과 자상한 보살핌에서 다시 한 번 두드러지게 나타났다. 1580년, 지독한 독감이 스페인 전역을 휩쓸었다. 온 가족이 한꺼번에 앓아눕는 집이 많았다. 성 바실리오 신학원에 있는 한 수사의 집안도 그런 지경이 되었다. 요한 수사가 그 수사를 데리고 찾아가 보니 온 가족이 이 방 저 방에 누워 있었다. 요한 수사는 그들과 얘기하며 위로해 주고 자기가 할 수 있는 데까지 정성껏 도와주었다. 그리고 신학원으로 돌아오니 이곳에서도 방마다 자기 수사들이 쓰러져 누워 있었다. 게다가 엘 갈바리오에서 아홉 명의 수사들까지 치료를 받으러 이곳에 와 있었다. 요한 수사는 잠자리들을 바꾸어 주고는 환자들의 몸을 씻어 주고 음식도 먹여 주었다. 가끔 손수 식사를 준비하기도 했다. 그의 이 같은 상냥한 마음씨와 극진한 배려에 수사들은 그를 더욱더 사랑했다.

독감은 메디나 델 캄포에도 만연되어 이곳에 살던 요한의 어머니도 자리에 누운 지 며칠 만에 세상을 떠나고 말았다. 이곳 맨발 가르멜 수녀들은 요한 수사를 존경했고 더구나 요한의 어머니는 늘 그들과 친숙하게 지낸 사이기 때문에 그녀를 수녀원 묘지에 안장했다. 이젠 그의 형만 남았다. 형은 십자가의 요한 수사가 그 생애의 만년을 보낼 때 기쁨이 되어 주었다.

신학원 원장직에 있는 동안 십자가의 요한 수사는 많은 시간을 영적 지도에 바쳤다. 학생들은 물론 일부 베아따들과 평신도들도 그를 찾아와 하느님께 나아가는 영적 여로에 동참했다. 대학의 몇몇 교수들도 거의 매일같이 그를 찾아와서 영적 지도를 받으며 함께 성서를 연구하고 묵상했다. 그들 가운데는 오예다 박사, 매스뜨로 세뿔베다. 바체라와 깔레발 그리고 빠드레 누네즈 마르셀로 같은 사람들도 있었다. 그들은 하나같이 요한 수사가 성서의 구절들을 정확하고 신선하게 해석하는 데 경탄을 금치 못했다. 그들은 차츰, 요한 수사가 매일 성서를 자기 삶의 원천으로 삼고 그 본문에 접근하기 때문에 이와 같이 창조적인 태도로 성서를 볼 수 있다는 것을 알게 되었다. 단순히 어느 특정 사건에 적용시킬 적절한 구절을 찾아내는 문제가 아니었다. 그보다도 십자가의 요한 수사는 삶을 온전히 올곧게 성실히 살았기 때문에 성서를 올바르게 읽을 줄 알았고 또 성서가 일깨워 주는 새로운 가르침을 끊임없이 찾아낼 수 있었다. 요한 수사는 삶의 의미를 알고 있었다. 그래서 성서는 매일 그의 생활 속에서 육화되고 있었다.

바에자에서 지내는 동안 요한 수사는 너무도 열정적으로 자연에 심취하여 그를 아는 모든 사람들을 놀라게 했다. 그는 들에 핀 보잘것없는 꽃을 가지고도 열변을 토하곤 했다. 수많은 별들이 가득히 수놓은 스페인의 밤하늘을 쳐다보며 인류에게 아름다운 자연을 주신 하느님을 끝없이 찬미하기도 했다. 자주 누군가를 데리고 들녘으로 나가 따로 떨어져서 혼자 기도를 한 다음, 다시 한자리에 앉아서 그들을 에워싼 대자연의 아름다움과 그 자연이 속삭여 주는 하느님에 대해 얘기를 나누기도 했다.

그러나 이렇게 시골의 전원적 정취를 마음껏 즐기는 것보다 더 많은 시간을 기도하고 일하며 보냈지만 십자가의 요한 수사는 여전히 쓸쓸했다. 1581년 7월 6일자로 예수의 가타리나 수녀에게 보낸 편지에서 그는 이런 자기 심정을 솔직하게 털어놓고 있다.

수녀님, 수녀님이 지금 어디 계신지 전연 모르면서도 나는 수녀님께 이 편지를 쓰고자 합니다. 수녀님이 마드레 — 영모靈母 데레사 — 와 함께 계시지 않는다면 마드레께서 이 편지를 수녀님께 전해 주리라 믿습니다. 수녀님께서 마드레 곁에 계시지 않는다 하더라도 수녀님은 이곳의 나만큼 고독하게 버림받지는 않았다고 생각하시어 스스로 위로하시기 바랍니다. 고래가 나를 삼켰다가 — 똘레도의 감금 생활을 그는 이렇게 성서적으로 표현했다 — 이 낯선 포구에 토해 놓았으니 나는 마드레도 그리고 그곳의 성도다운 수녀님들도 다시 만나 뵐 만한 사람이 못 되는 모양입니다. 하느님은 잘 섭리하고 계십니다. 왜냐하면 버림받은 처지도 일종의 단련이요 그 어둠을 견뎌 낸다면 결국 밝은 데로 나아가겠기 때문입니다.[6]

편지에 쏟은 자신의 외롭고도 암담한 생각으로 완전히 탈진해 버린 것처럼 그는 편지 사연을 갑작스럽게 끝맺었다. 암야는 똘레도에서 막을 내린 것은 아니었다. 전반적인 상황은 이곳에서도 마찬가지로 거의 견딜 수 없는 지경이었음이 분명했다. 왜냐하면 그는 북부 까스띨 지방으로 돌아가게 해 달라고 데레사 수녀에게 도움을 청했기 때문이다. 그렇지만 좀 더 마음 편히 지낼 수

---

[6] *Letter*, no.1, BAC, 971.

있는 자기 고향으로 돌아가기까지 그는 7년을 더 기다려야만 했다. 지금으로서는 바에자에 계속 머물러 있을 수밖에 없었다. 그는 누구든지 차별 없이 도와주었고, 수사들한테 도움을 받고자 찾아오는 평신도들을 언제든지 받아들이도록 일러두었다. 쉴 새 없이 찾아오는 사람들로 인해 요한 수사는 말할 것도 없고 다른 수사들도 몹시 지치곤 했지만, 그들을 기꺼이 맞아들이고 성의껏 도와주었다. 요한 수사는 예수를 믿고 따르는 신앙인으로서의 그들의 삶이 실지로 몸담고 있는 이 세상과 깊은 관련을 맺고 있다는 것을 잘 알고 있었다. 그의 십자가는 인생 행로 바로 그 자체였다 ─ 그 삶의 길 따르기를 배우는 데 고난의 의미가 있는 것이다. 바에자는 바로 **지금** 그의 삶의 현장이었고 그는 이 주어진 삶을 철저히 살아 내었다.

여러 차례 협상을 거듭한 끝에 맨발 가르멜 그룹은 마침내 오랫동안 염원해 왔던 바를 성취하게 되었다. 1580년 6월 22일 교황 그레고리오 13세는 맨발 가르멜 그룹이 완화 가르멜회에서 분리되어 독립함을 승인하는 칙서를 반포頒布했던 것이다. 그러나 11월에 가서야 교황 칙서의 집행관으로 도미니꼬 회원인 매스뜨로 꾸에바스의 요한 신부가 임명되었다. 맨발 가르멜회로서는 최초의 합법적인 참사회가 그에 의해서 소집되었는데, 회의는 1581년 3월 3일 화려하고 장엄하게 개최되었다. 참사회가 열린 그 이튿날 십자가의 요한 수사는 예수 마리아의 니꼴라스(도리아)와 예수의 안또니오, 그리고 가브리엘 아순시오 수사와 함께 자문 위원으로 뽑혔다. 참사회에 참석한 회원들 가운데 많은 이가 십자가의 요한 수사나 예수의 안또니오 수사가 관구장이 되기를 바랐지만 천주의 모친의 예로니모(그라치안)가 관구장에 피선되었다. 집행관인 델 라 꾸에바스 신부가 여러 가지 이유로 그라치안을 지지했기 때문이다. 자문 위원이 된 요한 수사는 그로부터 10년 후 세상을 하직하기 몇 달 전까지 계속 공동체 관리 업무와 영적 지도에 전념하게 되었다.

바에자에서 지내는 동안 그는 여러 곳을 여행했다. 베아즈의 수녀들에게 계속 고해성사를 주고 영적 지도를 했으나 한 달에 한두 번 정도만 하고 그 대신 전에 하루 이틀만 묵던 엘 갈바리오에 가면 좀 더 오래 묵곤 했다. 1581년 6월에는 원장 선거 때문에 까라바까 수도원을 방문했다. 11월에는 아빌라에서 데레사 수녀를 만나 그녀가 직접 그라나다에 가서 수녀원을 설립하도록 설득했다. 그러나 데레사 수녀는 자기 대신 그를 보내면서 몇몇 수녀들을 함께 가게 하고 새 수녀원의 원장에 예수의 안나 수녀를 임명했다. 요한 수사는 그라나다 수녀원의 설립 허가를 받기 위해 1581년 12월 8일부터 1582년 1월 15일까지 베아즈에서 기다렸다. 그러나 일이 잘 진행되지 않았다. 그와 수녀들은 더 이상 기다릴 수가 없어서 그라나다를 향해 길을 떠났으나 그 도시를 3마일 앞두고 더는 가지 못했다. 이 여행은 정말 힘들었다. 많은 비가 내려 길은 온통 진창으로 변하고 대부분의 도로가 통행할 수 없게 되었던 것이다. 1582년 1월 19일, 알볼레떼에서 관구장 대리가 아직도 대주교는 수녀원 설립을 허락하지 않았다고 전해 주었다. 게다가 뜻밖에도, 그들이 입주하기로 했던 집은 아예 손에 넣을 수 없게 되었다. 형편이 이렇게 되었는데도 그들은 가 보기로 결심하고 1월 20일에는 자기들을 도와주기로 약속한 어느 부유한 부인의 집에 당도했다. 세뇨라 안나 데 페날로사라는 이 부인은 후에 요한 수사의 절친한 친구가 되어 그가 세고비아에 있는 동안 여러모로 도와준 은인이었다. 요한 수사는 수녀들이 자리를 잡을 때까지 로스 마띠레스 수도원에 가서 수사들과 함께 지냈다. 그가 생각했던 것보다 더 오랜 기간 거기에 머물며 공적인 일도 맡게 되었다.

로스 마띠레스

로스 마띠레스의 인상적인 주변 환경은 요한 수사의 성격에 꼭 맞았다. 수도원까지 가려면 꼭대기에 무어족의 옛 궁전 알함브라 궁이 서 있는 가파른 언덕을 힘겹게 기어 올라가야 했다. 로스 마띠레스는 알함브라 궁의 오른쪽 약간 낮은 지대에 있었다. 안달루치아의 이 위대한 두 종교의 전통을 대변하는 기념물 사이에 지금은 나무들이 울창한 작은 계곡이 있다. 수도원은 수수하고 규모가 작았다. 수도원의 위치는 무어 사람들이 스페인을 점령했을 당시 그리스도인들을 가두기 위해서 지하 감옥으로 사용했던 원추형 구덩이가 있는 동산이었다. 몇 해 전에 수사들이 이곳을 인수해 포도나무와 여러 종류의 관목과 나무들을 심었다. 이곳 저수지의 물은 오늘날처럼 그 당시에도 알함브라에서 도수관으로 끌어온 것이었다. 수도원은 멀리 남쪽으로 펼쳐진 평원이 내려다보이는 절벽 위에 있었다. 가파르게 비탈진 아래쪽에 몇 채의 집들이 있었으나 그라나다 시의 중심가는 보이지 않았다. 시는 알함브라의 다른 쪽에 자리 잡고 있었기 때문이다. 그렇지만 평원이 내려다보이는 벼랑의 맞은편에, 그러니까 북쪽으로 시에라 네바다 산맥의 능선들과 눈 덮인 봉우리들이 바라다보였다. 이 산들과 아래쪽 넓은 평원이 보여 주는 그 광대함, 또한 갖가지 초목과 인공 건축물들의 아름다움은 요한 수사에게 깊은 감명을 주었다. 이곳은 하느님이 참으로 다양하고 경이롭게 꾸며 놓은 별천지였다. 로스 마띠레스의 수사들은 새로운 회헌에 따라 맨발 가르멜 수도원들에 허용된 특전, 즉 같은 관구 내에 있는 누구든, 비록 그가 이미 다른 수도원의 원장으로 있다 할지라도 자기들의 원장으로 뽑을 수 있는 특전을 이용하기로 했다. 그들은 1582년 3월, 십자가의 요한 수사를 그들의 원장으로 뽑았다. 이렇게 해서 그는 6년간을 그라나다에서 지내게 되었다. 그러나 임기 중 마지막 3년은 거의 여행하면서 보냈기 때문에 실제로 6년 동안 계속 그라나다에서 살았다고는 말할 수 없다.

요한 수사의 개성이 유감 없이 발휘된 것은 그라나다에서 지낸 이 시기였다. 눈부시게 아름다운 도시, 그라나다는 그에게 마치 수목을 자라게 하고 꽃을 피우게 하는 봄비와 같은 역할을 해 주었다. 병자들에 대한 그의 한결같은 사랑과 가난한 이들에 대한 배려, 그리고 고독을 즐기는 그의 성격이 이때 더욱 뚜렷이 드러나게 되었다. 그 자신도 역시 가난하고 고통스러운 처지에 있었지만, 그가 다른 이들의 고통을 덜어 줄 수 있는 한, 그것은 조금도 문제가 되지 않았다.

그가 그라나다 수도원 원장으로 있던 어느 날 한 형제가 갑자기 병에 걸렸다. 요한 수사는 매우 걱정이 되어 의사를 불렀다. 의사는 요한 수사에게 환자의 병을 완전히 고칠 길은 없고 다만 그의 고통을 어느 정도 덜어 줄 수 있는 약이 있기는 하나 그 약값이 엄청나게 비싸다고 했다. 이에 조금도 주저하는 빛 없이 요한 수사는 그 처방을 부탁하고 배웅하면서 즉시 그 약을 조제하여 보내 달라고 했다. 이것은 그가 진정으로 병자들을 염려하고 보살핀 한 예에 지나지 않는다. 수사들 중에 누가 병에 걸리면 어느 때든지 요한 수사는 그를 찾아가서 곁에 함께 있어 주었다. 환자와 얘기를 나누거나 혹은 말없이 손을 잡아 주고 뜨거운 이마에 물수건을 얹어 주거나 음식을 먹여 주기도 하면서 침대 곁에서 몇 시간씩 보내곤 했다. 그리고 환자가 마음 편히 쉬는 데 도움이 되는 얘기를 해 주었다. 하느님과 하느님이 모든 이에게 베푸시는 사랑에 대해, 또는 공동체에서 생긴 일, 날씨, 자연의 아름다움에 관한 이야기였다. 그는 듣는 사람에게 꼭 맞갖은 얘기를 해 주었다. 중요한 것은 환자가 위로를 받도록 하는 것이었다. 요한 수사는 이런 대화가 지루하다거나 따분하다고 여긴 적이 없었다. 그가 다른 이에게 도움이 될 얘기를 했다면, 그것은 그에게도 흥미가 있었던 것이다. 그는 결코 점잔 빼는 일이 없었다. 누가 보아도 그는 티 없이 성실했다. 요한 수사가 무슨 말을 하거나 어떤 행동을 하거나 그것은 그의 깊은 인품에서 우러나온 것임을 누구나 알 수 있었다.

관구장 대리 직무 수행차 여러 가르멜 수도원을 방문했을 때 그는 도착하면 즉시 병자 만나기를 자청하곤 했다. 일단 병실에 들어서면 그는 마치 자기 집처럼, 어쩌면 메디나 델 캄포의 병원 그 열여섯 살 시절로 돌아간 것처럼 행동했다. 병자들의 형편을 살펴보고 그들이 식사를 하지 않고 있으면 그들이 먹고 싶어 할 만한 음식의 이름을 이것저것 대곤 했다. 그들이 먹었으면 하는 음식이 무엇인지 알면 대개는 자기가 직접 마련하여 손수 먹여 주기도 했다. 병자가 늙은이든 젊은이든, 유식한 이든 무식한 이든 그는 그들의 다정한 형제로 그들을 보살펴 주었다. 요한 수사의 이 같은 부드럽고도 자애로운 인품은 참으로 두드러져 만나는 사람마다 그것을 실감했다.

그의 독특한 성품은 1584년 안달루치아에 기근이 덮쳤을 때에도 그대로 드러났다. 농작물의 흉작으로 식량이 모자랐기 때문에 많은 사람들이 식량을 얻기 위해 시골에서 이 도시로 몰려들었다. 로스 마띠레스 수도원에도 식량과 구호가 필요한 사람들이 많이 몰려들었다. 요한 수사와 다른 수사들도 자기들의 양식이 한정되어 있다는 것을 잘 알면서도 찾아온 모든 사람에게 서슴없이 먹을 것을 내주었다. 이곳에 와서 거절당하고 빈손으로 돌아간 사람은 없었다. 양식이 없어 고생하는 지체 높은 가문도 더러 있었는데 요한 수사는 사려 깊게 그들에게도 양식을 보내 주었다. 이렇게 함으로써 그들이 수도원에까지 찾아와서 구걸하는 일이 없도록 체면을 세워 주었다. 이처럼 요한 수사는 어떤 계층의 사람이 어떤 처지에 있든 사랑과 친절을 베풀었다.

그는 또한 누구에게나 아낌없이 자기의 시간과 힘을 내주는 관대한 사람이었다. 누구나 자기를 찾아오면 기도 중이든 작업 중이든 즉시 하던 일을 중단하고 만나 주었다. 그에게는 하느님이 결코 아니 계시는 일이 없으므로 어떤 일이든 그 현존하시는 분 앞에서 한다는 것을 알고 있었다. 그가 매사에 회의를 품고 비관하는 사람들에게 희망을 줄 수 있었던 것도 이같이 하느님의 현존을 깊이 의식하고 있었기 때문이다. 요한 수사는 실의에 빠진 사람들에게 삶의 긍정적인 면을 보여 주면서 그들이 열심히 살아가도록 용기를 북돋아 주곤 했다. 소심증에 걸리거나 절망하여 자포자기하는 사람들에게 그는 더할 나위 없이 친절하고 자비롭고 온유한 모범을 보여 주었다. 그가 그라나다의 그 숱한 사람들의 고해신부가 될 수 있었던 것은 이렇게 누구든지 깊이 이해해 주는 사람이었기 때문이다. 사제도 수도자도 남녀 평신자도 그리고 부유한 자나 가난한 자나 모두 그에게로 왔다. 그들은 요한 수사가 자기들을 이해해 주는 자기들을 위한 하느님 현존의 성사가 될 수 있는 사람이라는 것을 알고 있었던 것이다.

  16세기 스페인에서 한 수도원의 원장이라고 하면 사회적으로도 매우 높은 지위에 있는 사람으로 인정받았다. 그러나 요한 수사는 그러한 계급이나 사회적 관습에 구애받는 사람이 아니었다. 하루는 밭에서 일꾼들을 도우며 밭일을 하는데 어느 수도원의 장상이 그를 찾아 왔다고 문간 수사가 달려와 알려 주었다. 방문자의 신분이 높다는 말에 옆에 있던 수사들과 일꾼들은 요한 수사에게 들어가서 좀 씻으라고 권했다. 그러나 그는 별다른 채비를 하지 않았다. 바로 문간 수사더러 손님을 자기 있는 곳으로 모셔 오게 했다. 또 언젠가는 이 수도원을 방문한 다른 수도회의 고위 장상이 요한 수사를 보고 이런 말을 했다. "경애하올 원장님, 귀하께서는 이렇듯 수도원 안에만 머물러 계시니 시내에서는 통 귀하를 만나 뵐 수가 없습니다그려. 귀하가 노동자의 자제가 아닌가 하는 생각이 들 때도 있었지요." 요한 수사는 조금 상기된 음성으로 서슴없이 대답했다. "오, 정말 그렇습니다. 나는 훌륭한 가문 출신이 아니올시다. 그저 가난한 직조공의 아들이지요."[7]

  요한 수사가 무슨 얘기를 할 때면 사람들은 그의 순수하고 올곧음에 깊은 감명을 받았다. 성 요셉의 마르띤 수사는 이런 말을 했다. "예나 지금이나 수도원 안에서나 밖에서나 하느님에 관해서 그분만큼 아름답게 얘기해 줄 수 있는 사람을 본 적이 없다."[8] 요한 수사의 말은 기도와 동료들과의 깊은 유대로 영글어진 그 자신

---

[7] BMC vol.14, 384 (BNM Ms. 19404, ca. fol. 176).
[8] BMC vol.13, 378 (BNM Ms. 12738, ca. fol. 855).

의 말이었다. 물론 끊임없는 연구로 많은 소양을 갖추기는 했지만, 그의 이야기가 따스함은 그가 말하는 하느님이 어떤 분인지 그 자신이 잘 알고 있기 때문이다. 그의 말에 조용히 귀를 기울이면 언제나 마음이 가라앉고 평온해졌다. 마치 모든 근심 걱정이 사라져 버리는 것 같은 느낌이 들어, 사람들은 새로운 열의를 가지고 힘차게 살아 갈 것을 다짐했다. 강론만이 아니라 한두 마디 말과 그저 평범한 일상 대화를 통해서도 그는 사람들을 감동시켜 평화와 사랑으로 가득 차게 했다. 요한 수사 밑에서 수련하고 또 그의 만년에 그와 함께 지낸 요한 에반젤리스타 수사는 이런 말을 했다. 휴식 시간에 요한 수사가 수사들에게 무슨 말을 할 때면 흔히 하느님에 관해서 얘기를 했는데 한 번도 딱딱하게 심각한 기색을 보인 적이 없어, 수사들은 한껏 웃고 나서 큰 기쁨을 안고 휴게실을 떠났다는 것이다.[9] 구약시대 성서의 시편 작가들처럼 요한 수사도 하느님의 친근한 친구였다. 하느님은 사람의 유머 대상이 될 만큼 정말로 가까이 계셨던 것이다.

  십자가의 요한 수사는 고지식하고 엄하여 접근하기 힘든 성격의 사람은 분명 아니었다. 그런데도 그는 여전히 고독을 좋아했다는 사실을 잊어서는 안 된다. 고

---

[9] BMC vol.13, 386 (BNM Ms. 12738, ca. fol. 559).

독은 그에게 해방감을 가져다주었다. 그의 정신과 마음은 하느님과 더불어 아름답고 생명력이 넘치는 삼라만상을 두루 편력할 수 있었다. 혼자 있을 때면 성서를 읽으며 하느님의 말씀이 자기 마음속에 깊이 잠겨들게 했다. 고독이 모든 것으로부터 떠나 있게 하는 시간은 아니었다. 오히려 그가 하느님과 그의 동료 형제들을 더욱 충만히 사랑할 수 있게 해 주었다. 고독은 바로 하느님과 함께 있다는 것이고 그럼으로써 좀 더 하느님을 닮아 간다는 것이었다. 이 같은 진정한 고독의 경지에 이르는 데 세상, 특히 사람들은 그에게 특별한 의미가 있었다. 고독은 그에게 세상에 관한 진리를 가르쳐 주었다. 이런 통찰력으로 그는 더욱 깊이 인간다워지고 순박해질 수 있었던 것이다.

그라나다 수도원 그의 독방에는 이전에 다른 수도원에서 살았을 때와 마찬가지로 조그마한 책상 하나와 의자 한 개, 짚을 깔아 놓은 침대, 그리고 벽에 오려 붙인 작은 십자가 그림 한 장이 전부였다. 책상에는 성서와 성인전 한 권이 놓여 있을 뿐이었다. 그는 늘 헌 수도복만 입었다. 그리고 무슨 물건이 필요할 때면 광에 가서 가장 낡고 닳아빠진 것을 고르고는 자기는 그것으로 넉넉하다고 말했다.

그라나다에서의 일과는 빈틈이 없었다. 그는 자주 로스 마띠레스 아래쪽에 있는 수녀원을 방문하여 면회실 쇠창살을 사이에 두고 수녀들에게 한 시간 정도 강론을 해 주었다. 그는 하느님 아닌 일체의 것에서 완전히 멀어져야 한다고 줄기차게 역설했다. 그는 수녀들의 영성생활을 지도하며 그들의 말에 귀 기울이고 여러모로 깨우쳐 주며 그들이 하느님 안에서 성숙하도록 도와주었다. 베아즈 수녀원은 엘 갈바리오에 있을 때만큼 자주 방문하지는 못했지만 그래도 정기적으로 찾아가서 그곳 수녀들과도 그렇게 지냈다.

한번은 베아즈로 가는데 어린아이를 품에 안은 한 여인이 그에게 다가와서 그 아이가 요한 수사의 아이라고 하며 아이의 양육비를 요구했다. 요한 수사는 아이 엄마가 누구인지 물어보았다. 그 여인은 아이 엄마는 아주 성실한 부인으로서 그라나다를 한 번도 떠나 본 적이 없다고 대답했다. 그는 다시 아이가 몇 살이냐고 물었다. 이제 한 살이라는 말에 요한 수사는 웃으며 "내가 그라나다에 온 지는 일 년도 채 못 되고 그전에는 한 번도 이곳에 와 본 적이 없으니, 이런 기적을 허락하신 하느님을 찬미합시다" 했다.[10] 베아즈로 가는 동안 그는 내내 낄낄거리며 웃었다. 수녀원에 도착하자마자 원장수녀에게 그 얘기를 털어놓고는 또 한바탕 웃었다.

---

[10] BNM Ms. 12738, fol. 985.

1583년 5월 1일, 요한 수사는 개혁 가르멜의 제2차 참사회에 참석하기 위해 알모도바 델 캄포에 갔다. 관구장 그라치안 신부는 개혁 가르멜회가 좀 더 활동적인 역할을 하도록 촉구했는데, 이 의견에 대해 요한 수사는 강경히 반대하며 맨발 가르멜회는 본래가 관상수도회임을 강조했다. 수도자로 어느 정도의 사도적 활동은 해야 하지만 관상생활을 멀리하게 될 그런 활동은 피해야 할 것이라고 주장했다. 그는 관상생활을 이차적인 것으로 보지 않기를 바랐던 것이다. 알모도바에서 돌아온 후로는 베아즈를 방문하지 않거나 그라나다의 수녀들을 가르치지 않을 때면 그는 집필을 계속했다. 기근이 들었던 그해 1584년 요한 수사는 『영혼의 노래』 첫째 판을 쓰고 시 『사랑의 산 불꽃』과 그 주석서를 쓴 것 같다.[11] 요한 수사에게서 『영혼의 노래』에 관해 들은 예수의 안나 원장수녀는 그 시에 대한 주석서를 써 줄 것을 간청했는데, 끈기 있게 졸라 요한 수사로 하여금 그가 묵상한 내용을 체계적으로 기록하게 하는 데 성공했다. 주석서를 쓰는 과정은 단순했다. 수녀들과 대화를 나눈 다음 수도원으로 돌아와서 그 대화의 몇 가지 주제를 묵상하고 그 생각을 정리하여 기록하는 것이었

---

[11] Eulogio de la Virgen del Carmen, *San Juan de la Cruz y sus escritos* (teologia y Siglo XX), Madrid: Ediciones Cristiandad 1969, 246-7.

다. 이런 식으로 그는 『영혼의 노래』를 완성시킬 수 있었다(같은 시기에 『가르멜의 산길』과 『어두운 밤』도 완성시켰다). 그리고 그는 열나흘 동안에 걸쳐 『사랑의 산 불꽃』의 주석서를 써냈다. 이것은 안나 데 페날로사의 간청으로 쓰게 된 것이다. 그는 그라나다에서 지내는 동안 그의 생애에서 가장 활발히 집필 활동을 했다. 그의 중요한 저서들이 이때 완성되었고 두 번째 쓴 『영혼의 노래』와 『사랑의 산 불꽃』을 약간 수정하는 일만이 아직 마무리되지 못했는데, 이 일은 그의 생애 만년으로 미루어졌다.

1585년부터는 새로운 직무와 또 다른 여행이 시작되었다. 2월에 그는 해안도시 말라가에 맨발 가르멜 수녀원을 설립하기 위해서 그라나다에서 84마일이나 되는 거리를 여행했다. 배경엔 산줄기가 병풍같이 펼쳐져 있는 이 도시는 요한 수사를 완전히 매료시켰는데, 그가 이곳 수녀원을 좋아한 것은 그런 전원적인 풍경 때문이기도 했다. 5월 10일에는 참사회에 참석하기 위해 리스본으로 갔다.

리스본에 머무는 동안 그는 몇 번이나 아눈시아다의 도미니꼬회 수녀원 원장 마리아 데 라 비지따시온 수녀를 만나러 가라는 권유를 받았다. 그녀의 소문은 포르투갈뿐 아니라 스페인에도 널리 퍼져 있었다. 그녀는 탈혼과 환시를 체험하고 또 성흔까지 받았다고 했다.

많은 저명 인사들이 — 그 가운데에는 신학자와 신부들도 있었다 — 그녀를 만난 후 깊은 감명을 받았다고 했다. 요한 수사가 차석 자문 위원과 관구장 대리로 피선된 후 그라나다로 돌아왔을 때 사람들은 그 수녀를 만나 보았는지 물어보았다. 그의 대답은 이러했다. "나는 그 수녀를 만나 보지도 않았고 또 만나 볼 의향도 없었습니다. 내 믿음이 그녀를 만나 봄으로써 조금이라도 커질 것이라고 생각했다면 나는 평소 내 신앙에 대해 그렇게 많은 생각을 하지 않았을 것입니다."[12] 요한 수사의 신앙은 황홀경이나 환시 같은 데 의존하지 않고 순전히 하느님께 대한 신뢰로 다져진 것이었다. 후에 진실이 밝혀져 그 수녀는 가짜였음이 드러났다.

관구장 대리로서 요한 수사는 안달루치아 전역을 두루 돌아다녀야 했는데, 여행 중에 그는 시편이나 찬미가를 부르고, 성서 구절을 읽고 기도도 드렸다. 그는 스페인 남부의 변화무쌍한 아름다운 풍경이 한없이 기도에 도움이 된다는 것을 알았다. 여행 중에 어디서 묵어야 할 때는 마룻바닥에 담요 한 장만을 깔고서 잤는데, 보통은 거의 잠을 자지 않고 그 시간에 기도를 드리고 묵상을 했다. 그의 새로운 생활양식이 이런 묵상을 위해 풍부한 소재들을 마련해 주었던 것이다.

---

[12] BMC vol.14, 13 (BNM Ms. 12738, ca. fol. 127).

1585년부터 1588년 6월까지 요한 수사는 줄곧 여행을 하며 지냈던 것 같다. 1585년 가을, 그는 파스뜨라나에서 연기된 참사회에 참석했고, 다시 그라나다에 돌아와서 1586년 1월 예수의 안나 수녀가 원장으로 재선된 선거를 관장했다. 이 1586년에 그는 꼬르도바에다 작은 수도원을 세웠다. 그리고 세빌라와 에찌야를 방문하고 또 꼬르도바를 다시 방문했다. 그러다가 과달까자르에서 병에 걸렸다. 그가 꼬르도바 수도원 독방에서 일을 하고 있을 때 일꾼들이 작업을 하던 돌담이 그곳에 무너져 내렸다. 틀림없이 요한 수사가 그 밑에 깔려 죽었으리라고 생각한 수사들과 일꾼들은 정신없이 돌더미를 치웠다. 그러나 그를 찾아냈을 때 그는 한구석에 쪼그리고 앉아 있다가 그들을 보고 웃으면서, 성모 마리아가 망토로 자기를 보호해 주셨다고 말했다. 담 무너지는 소리를 듣는 순간 그는 성모 마리아 상 쪽으로 달려갔다는 것이다.

  꼬르도바에서 그리 멀지 않은 과달까자르에서 얻은 병으로 요한 수사가 남몰래 실천해 오던 고행의 일부가 드러나게 되었다. 한 수사가 그의 옆구리 통증을 덜어 줄 요량으로 기름을 발라 주다가 요한 수사의 허리에 두른 사슬을 발견했다. 얼마나 오래 차고 있었던지 살에 박힌 부분도 있었다. 그는 요한 수사의 동의를 얻어 그것을 치워 버렸는데 그 후로는 이 같은 고행 애기는 들리지 않았다.

　건강이 충분히 회복되자 요한 수사는 다시 계속해서 이곳저곳을 여행했다. 남은 1586년 내내 그는 마드리드·만추엘라·그라나다·까라바까·베아즈·부얄란체를 두루 돌아보고, 12월에는 다시 마드리드로 갔다. 그 이듬해도 줄곧 여행으로 보내다가 1588년 6월에 마드리드에서 열린 맨발 가르멜회 제1차 총회에서 수석 자문 위원 및 총장 고문으로 뽑히고, 8월 10일에는 세고비아의 원장직을 맡았다. 마침내 그는 자기 고향 까스띨로 돌아오게 되었다. 그러나 그는 오래 머물지 않았고 그동안 여러 가지 문제도 있었다.

· · · 여섯 · · ·

만년. 세고비아와 우베다
(1588~1591)

희망과 기다림 속에서 몇 해를 보낸 후, 십자가의 요한 수사는 마침내 안달루치아의 귀양살이를 청산하고 만년의 영광스러운 마지막 3년을 맞게 되었다. 1588년 6월 19일, 마드리드에서 열린 총회에서 그는 수석 자문위원으로 뽑혔다. 이것은 총장 대리 빠드레 도리아가 부재중일 때 자문회를 주재하는 직책이었다(사실 첫해를 제외하고는 거의 매번 요한 수사가 자문회를 주재했다). 총장 대리는 이제까지 요한 수사와 늘 뜻이 맞았고 앞으로도 계속 그런 지원을 받을 수 있으리라고 생각했기 때문에 이 제도에 만족했다. 도리아는 자기 생각에 반대되는 의견을 용납 못하는 성격이었지만, 경우에 따라서는 요한 수사가 자신과 입장을 달리할 일이 꼭 생긴다는 것을 알게 될 것이었다. 그러나 처음에 요한 수사의 처지는 비교적 순조로운 편이었다.

요한 수사는 자문회의 이 직위에 뽑혔을 뿐 아니라 세고비아의 원장으로 임명되었다. 공교롭게도 세고비아 수도원은 요한 수사가 그라나다에 있을 당시 그가 주선해 세운 수도원이었다(1586년 5월 3일). 맨발 가르멜 수녀들이 처음 그라나다에 도착했을 때 그들을 도와준 도나 안나 데 메르카도 이 페냘로사가 고향 세고비아에 병원이나 수도원을 세우라는 남편의 유언을 실천에 옮기려 했고, 마침 요한 수사가 그녀를 격려하여 맨발 가르멜 수사들을 위한 수도원을 세우게 했던 것이다. 요한 수사가 갔을 때는 맨발 가르멜 수사들이 이 삼위일체 수도원에 산 지가 벌써 2년이나 되었다.

옛 모습으로 복구된 이 수도원은 지금도 에레스마 강 건너편 교외에 남아 있다. 무너져 내릴 듯 깎아지른 절벽 위의 수도원 맞은편에는 스페인 풍의 돛배 같은 알카자르 궁전이 높이 솟아 있었다. 수도원 뒤에는 넓지 않은 뜰이 암벽까지 펼쳐져 있었다. 수도원 둘레의 이 암벽에는 여기저기 뚫린 데가 있어 거기서 내려다보면 고대 로마풍의 이 아름다운 도시 전경이 한눈에 들어오기도 한다.

수도원은 본래 강 가까이 있었는데 습기 때문에 강물에서 떨어진 언덕의 한결 높은 곳에다 살 집을 다시 짓기로 했다. 1588년 8월, 요한 수사가 이곳에 도착했을 때는 수사들이 새 수도원을 막 짓기 시작하고 있었다.

요한 수사는 그 공사를 감독만 한 것이 아니었다. 특수 도수관 시설을 고안하고 실제로 일꾼들과 함께 일을 했다. 그는 노동을 좋아해 겨우내 계속 일했다. 눈보라와 살을 에는 추위도 그의 일손을 멈추게 하지는 못했다. 맨발에다 찬 바람만 겨우 막아 주는 낡은 수도복을 걸치고 근처에 있는 돌들을 모아 석수들이 일하는 곳으로 날라다 주곤 했다. 추위에도 아랑곳없이 일꾼들과 함께 일하며 수도원 공사가 착착 진행되는 것이 마냥 즐겁기만 했다. 이런 일이 어쩌면 그에게 어울리기도 했고, 더구나 그는 이 시간에 기도를 드릴 수도 있었다. 그는 동료 수사들에게서뿐 아니라 일꾼들 가운데서도 점차 뚜렷이 하느님을 발견할 수 있었다.

기도를 드리고 노동을 하고 사람들과 대화를 나누면서, 요한 수사는 하느님의 세계와 인간의 세계가 온전히 하나가 됨을 느꼈다. 모든 것이 하느님의 현존을 드러내는 상징이 되었고, 하느님을 생각하는 것 자체가 피조물들과 창조의 신비를 더욱 가까이 느끼게 했다.

> 이러한 깨달음은 대단한 기쁨이 된다. 즉, 영혼은 피조물을 통해서 하느님을 인식하는 것이 아니라 하느님을 통해서 피조물을 인식하게 되는 것이다.[1]

---

[1] *Living Flame of Love* – B IV, 5: BAC, 919.

하느님과 일치할수록 그는 자기가 살고 있는 세상을 사랑하며 더 자세히 관찰할 수 있었다. 그래서 그는 현세의 삶, 곧 그의 하느님이 지어내신 삼라만상 안에 뿌리를 내렸던 것이다.

   세고비아에서 지내는 동안 그는 매우 활동적인 생활을 했다. 첫해만 해도 총장 대리가 부재중이었으므로 수도회의 장상으로서 행정상의 숱한 문제들을 처리해야 했다. 수도원 공사를 그대로 진행시키면서 그는 베아즈와 그라나다의 수녀들에게 서신으로 계속 영적 조언을 보내 주었다. 그러는 동안에 도나 안나 데 메르까도 이 페날로사가 세고비아로 아주 이사를 왔다. 이렇게 해서 그녀와 그녀의 질녀는 수도원을 자주 방문하여 그에게서 직접 영적 지도를 받게 되었다. 요한 수사도 종종 그들의 집을 찾아갔다. 그리고 그 집에서 일하는 하인들과 영신적 얘기뿐 아니라 그들의 일상생활에 관한 얘기도 나누곤 했다. 많은 사람들이 수도원으로 그를 찾아왔다. 퀼라의 부주교이며 세고비아의 참사회원인 돈 쥬앙 데 오르즈꼬 이 꼬바루비아와 역시 세고비아의 참사회원 디에고 무노르 데 고도이 두 사람도 요한 수사를 알고 자주 방문하여 그에게서 깊은 감명을 받았다. 그러나 특별한 방법으로 요한 수사에 대해 가장 많은 증언을 남긴 사람은 주교좌 참사회원이며 고해 신부인 빌레가 박사였다.

그는 참사회 고해신부로서의 의무 외에 세고비아 맨발 가르멜 수녀들의 고해성사도 맡아보았다. 이러한 직무를 받았던 사실로 미루어 그는 심오하고 건실한 영성생활을 하고 있었음이 분명했다. 요한 수사는 수녀회의 행정에 관여하고 있었으므로 그런 고해신부의 임명 같은 인사 문제에 관한 그의 조언은 언제나 깊이 고려되었다. 빌레가 박사도 요한 수사를 자주 방문했음은 물론이다. 두 사람은 자주 수도원 뒤뜰을 함께 거닐거나 땅바닥에 앉아서 얘기를 나누었고, 때로는 네댓 시간씩 그들의 생활과 하느님의 현존에 관해 대화하곤 했다. 시간이 지남에 따라 그들의 우정도 점점 깊어져, 요한 수사는 빌레가 박사와 함께 있는 조용한 시간을 여간 즐겁게 생각하지 않았다. 이에 못지않게 요한 수사는 또 다른 한 사람과의 만남을 몹시 반가워했다.

요한 수사의 사랑하는 형 프란치스꼬도 역시 그를 찾아왔던 것이다. 이제 요한이 다시 까스띨에서 살게 되었으므로 두 형제는 좀 더 쉽게 만나 볼 수 있었다. 프란치스꼬가 하루 이틀 정도만 묵어갈 생각으로 수도원에 찾아오면 요한 수사가 붙잡고 하루 또 하루 하는 바람에 여러 날 뒤에야 겨우 가족들에게로 돌아갔고 가끔 몇 주씩 지낼 때도 있었다. 한 수도원의 장상으로서 요한 수사는 사회적으로도 상당한 지위를 가지고 있었지만 그는 결코 다른 사람에게 자기의 가난뱅이 형을 숨기려고 하지 않았다. 그는 누구에게나 형 프란치스꼬를 소개하면서 "나의 형님인데, 나에겐 이 세상에서 가장 귀중한 보배입니다"라고 말하곤 했다. 형의 신분을 바꾸거나 사회적으로 좀 더 돋보이는 풍채를 갖추게 하려고 애쓴 적도 없었다. 그는 가난하고 배우지 못했다는 것이 한 인간을 다른 사람들보다 못난 존재로 만들지는 않는다고 생각했다.

언젠가 형 프란치스꼬가 찾아왔을 때 요한 수사는 자신의 예사롭지 않은 체험을 말해 주었다. 어느 날 요한 수사가 십자가를 지고 가시는 그리스도의 성화[2] 앞에서 기도를 드리고 있을 때, 그는 자기의 이름을 부르는 내적인 한 음성을 들었던 모양이다. 이런 일이 몇 번 일어났다. 마침내 그가 "네, 여기 있습니다" 하고 속으로 대답하자, 그 음성은 말을 이었다. "네가 나를 위해서 한 모든 일과 지금까지 겪은 그 모든 고통의 대가로 너는 나한테 무슨 보답을 받기를 원하느냐?" 요한 수사는 즉시 "고통당하고 멸시받기를 원합니다" 하고 대답했다. 프란치스꼬에게 이 얘기를 들려준 다음 요한 수사는 이렇게 덧붙였다. "그러니 형님, 내가 또 시련을 당하는 것을 보게 되더라도 걱정하지 마세요. 그것은 내

---

[2] 이 그림은 아직도 세고비아 수도원에 있다. 세고비아는 십자가의 요한 수사의 묘가 있는 곳이기도 하다.

가 주님께 청해서 받는 것이니까요. 주님은 내게 시련을 견뎌 낼 만한 힘도 주시고 또 내적으로 성장할 수 있도록 나를 도와주실 거예요." 사실 그 시련의 시기는 당장은 아니지만 꼭 닥쳐올 것이었다.

요한 수사는 바쁜 생활 중에도 다른 이들에게 효과적으로 봉사할 수 있도록 가난과 고독의 정신을 가꾸어 나갔다. 늘 실천해 오던 대로 세고비아에 도착하자, 수도원에서 가장 초라하고 어두컴컴한 방을 택했다. 성당 가대소로 올라가는 층계 밑의 매우 작은 방이었다. 두 장의 널빤지로 침대를 만들고, 또 다른 널빤지는 벽에 붙여서 책상으로 사용했다. 그 방은 그가 먹는 음식이 그렇듯이 검소하고 소박했다. 그는 되도록 적게 먹고 규칙에 따라 단식재를 지켰다. 은인들이 어떤 특별한 음식을 수도원으로 보내오면 수사들에게 나누어 주고 그는 보통 먹는 음식을 들었다. 날이 갈수록 그의 기도 시간은 늘어 갔다. 특히 다른 수사들이 잠든 깊은 밤에 홀로 깨어 기도하는 경우가 많았다. 대부분의 창조적인 인물들이 그러하듯 요한 수사도 많은 잠을 잘 필요가 없었다. 하룻밤에 두세 시간 정도면 충분했다. 그 외의 시간엔 성당에 가서 무릎을 꿇고 두 팔을 벌려 기도를 드리거나, 혹은 수도원 창 너머로 별이 총총 빛나는 세고비아의 맑은 밤하늘을 바라보면서 하느님이 이 세상에 쏟아 놓으신 그 아름다움에 넋을 잃곤 했다. 또한 여가 시간이 생기면 수도원 뒤에 있는 암벽의 작은 동굴로 가서 갈라진 바위 틈으로 새들이 들락날락하는 것을 바라보며 조용히 기도를 드리곤 했다. 이런 시간은 그의 힘을 북돋아 주었을 뿐 아니라 매일의 생활 리듬의 정상적인 과정이 되었다. 그것은 그의 생활에서 하나의 자연스러운 흐름을 이루어 삶을 충만케 했다. 바쁜 생활 가운데 가지는 이와 같은 조용한 기도의 시간들은 장차 다가올 일에 대비하는 중요한 단련이 되었다.

1590년, 임시 참사회의가 열렸을 때 요한 수사는 회합에 앞서 빠드레 도리아가 내놓은 몇 가지 의견에 동의하지 않았다. 가장 날카롭게 논란된 문제는 맨발 가르멜 수녀들에 관한 것이었다. 도리아는 수녀들이 자문회에 예속되기를 바랐지만 — 이렇게 되면 수녀들은 사사건건 복잡한 절차를 밟아야 했다 — 수녀들은 자문회에서 임명한 어느 한 개인에게 예속되기를 바랐다. 요한 수사는 수녀들 편을 들었는데 이것이 총장 대리의 마음을 몹시 상하게 하여 도리아는 요한 수사를 아주 제거해 버릴 계획을 짜기 시작했다.

1591년 6월 1일에 열린 총회에서 그런 기회가 왔다. 이때도 요한 수사는 총장이 수도 공동체에 대해 지나친 법적 조치를 취하는 데 반대했다. 다시 수녀들을 지원하는 한편 그의 생각에 부당한 대우를 받고 있다고 여긴 빠드레 그라치안을 옹호했다. 어떤 사람들은 개인적으로는 요한 수사의 의견에 찬성하면서도 공적인 자리에서는 총장을 지지했다. 요한 수사는 자문 위원 선거에서 떨어지고 세고비아의 원장직도 해임되고 말았다. 총회 기간 중 요한 수사는 멕시코에 진출한 맨발 가르멜회 관구를 지원하기 위해 파견될 열두 수사들 가운데 끼겠다고 자청했다. 총회에서 이 제의가 받아들여지긴 했으나 후에 그 결정은 번복되었다.

여러 해에 걸쳐 수도회의 요직에 있으면서 행정 업무를 맡아 왔던 이 작은 수사는 이제 다시 평수사로 돌아갔다. 앞으로 맨발 가르멜회가 어떤 방향으로 나아가게 되는지 염려되기는 했지만 요한 수사는 자신의 해임을 대수롭지 않게 생각했다. 그는 새로운 소임을 구상하며 우선 신세계 — 멕시코 — 로 떠날 때까지 라 페루엘라로 가서 기다리기로 했다. 길을 나설 때부터 그는 건강이 별로 좋지 않았고, 게다가 장거리 여행을 했으니 몹시 지치고 말았다. 그런데도 그는 이때 몇 가지 저술에 다시 손을 대기 시작했다. 이 안달루치아에서의 조용하고도 고적한 은퇴 생활은 그 집필 작업에 도움이 되었다. 이때 그는 『영혼의 노래』 개정판을 꾸미고 『사랑의 산 불꽃』을 엮어 냈다. 수도원 안에서 사는 평수사로서 통상적으로 해야 할 여러 가지 일들을 충실히 하면서, 가외로 이런 저술 활동을 했던 것이다. 1591년 8월 19

일, 그가 도나 안나 데 메르까도 이 페날로사에게 써 보낸 편지를 보면, 당시 그가 자기의 생활에 대해 어떤 생각을 하고 있었는지 알 수 있다.

다른 편지에서 나는 페누엘라의 이 고적한 광야에 그대로 남아 있고 싶다는 말씀을 드렸습니다. 아흐레쯤 전에 도착했는데 바에자에서 북쪽으로 약 6리그(18마일) 정도 떨어진 곳입니다. 퍽 마음에 들어 하느님께 영광을 드립니다. 나는 건강합니다. 비록 영혼은 아주 초라한 처지에 있지만, 황야의 광막함은 영혼과 육신에 큰 도움이 됩니다. 주님께서 영혼을 이 영적 황야에 두시길 원하시는 것 같습니다. 상관없습니다. 주님은 언제나 우리의 됨됨이를 잘 알고 계시니까요. 이런 상태가 얼마나 갈는지 모르겠습니다. 예수의 안또니오 원장님이 나를 오랫동안 여기에 놓아두지는 않겠다고 바에자에서 으름장을 놓고 있기 때문입니다. 어떻게 되든 상관없습니다. 그동안은 아무것도 모른 채 잘 지낼 뿐입니다. 광야의 생활은 감탄할 만합니다.

오늘 아침에는 병아리콩을 거두고 돌아왔는데 오전 시간을 그 일로 보냈습니다. 그것을 타작하려면 다른 날을 하루 잡아야 할 것입니다. 이런 말 못하는 피조물들을 다루는 일은 유쾌한 일입니다. 살아 있는 사람들한테 부당한 학대를 받는 것보다 훨씬 낫습니다. 하느님께서 부디 나를 여기 이대로 머물러 있게 해 주시길 바랍니다. 그렇게 되도록 기도해 주십시오. 나는 여기서 아주 만족하게 잘 지내고 있기는 하지만 당신들이 나를 필요로 하신다면 언젠가 또다시 그곳으로 갈 날이 있겠지요.

    영신의 일을 잘 돌보고 … 건강에 유의하시며 가능한 한 기도를 계속하시기 바랍니다.[3]

라 페누엘라는 그에게 어울리는 장소였다. 이제 그는 자문회의 언쟁과 술수, 그리고 수도회 내의 갖가지 분쟁에서 멀리 떠나 있었다. 총회에서 배척당했다는 사실이 그에게 상처를 주었음은 의심할 여지가 없다. 그의 편지에 엿보이는 그 상처를 (그리고 어쩌면 그 비통함도) 아물게 하려고 이 조용하고 고적한 시간을 그는 마음껏 즐겼다.

  하지만 그는 곧 자기 모르게 은밀히 어떤 일이 꾸며지고 있다는 것을 알게 되었다. 마드리드 참사회의 때 뽑힌 한 자문 위원이 전 관구장 빠드레 그라치안의 뒷조사를 하기 위해서 안달루치아의 두서너 수도원을 시찰하게 되었다. 이 임무를 완수할 수 있도록 그는 "총시찰관"이란 이름으로 광범위한 권한을 부여받고 있었다. 그런데 그는 그라치안에 관계되는 일만을 다루는

---

[3] *Letter*, no.26, BAC, 992-3.

것이 아니라, 오히려 요한 수사의 평판을 떨어뜨리는 일에도 힘을 기울이고 있었다. 그는 권위적인 태도로 수녀들에게 질문하면서 은연중 암시를 주어 거짓 대답을 하도록 유도하기도 했다. 잘못된 행위들은 전적으로 요한 수사의 탓으로 돌리려고 꾀하면서 그는 자기가 원하는 식으로 수녀들이 대답을 하지 않을 경우엔 자기 멋대로 수녀들의 대답을 해석하곤 했다. 수녀들이 말한 것 중 어떤 것은 아예 바꾸어 버리기도 했다. 수녀들 가운데 요한 수사를 싫어하는 수녀들은 시찰관이 함부로 늘어놓는 얘기들을 그대로 믿었으나, 다른 수녀들은 무관심했다. 요한 수사를 존경하는 수녀들은 치를 떨며 이 사실을 요한 수사에게 알려 주었다. 요한 수사는 마음에 심한 충격을 받았다. 이제 라 페누엘라도 부당하게 가해지는 고통을 피할 만한 피신처가 되지 못했다. 그러나 그는 그런 일을 하는 그 사나이에 대해 어느 누구도 자기 앞에서 비난의 말을 하는 것을 허락지 않았다. 심한 병고에 시달릴 때에도 똑같은 태도를 보여 주었다. 그 어떤 강력한 반대에도 부닥치지 않고 빠드레 디에고 에반젤리스타는 요한 수사를 맨발 가르멜회에서 아주 추방해 버릴 작정으로 계속 일을 꾸며 나갔다. 후에 요한 수사가 세상을 떠났다는 소식을 듣고 빠드레 디에고는 자신이 추방 목적을 이루기 전에 죽음이 요한 수사를 먼저 데려갔다고 못내 아쉬워했다.

1591년 9월 초, 요한 수사의 몸은 점점 더 나빠졌다. 오른쪽 다리에 염증이 생겨 몹시 고통스러웠고 신열이 심해졌다. 의사의 치료를 받아야만 했다.

1951년 9월 21일, 그는 다시 도나 안나 데 메르까도 이 페날로사에게 편지를 써 보냈다.

> 이곳 라 페누엘라에서 나는 편지 꾸러미를 받았습니다. 염려해 주신 데 진심으로 감사를 드립니다. 내일 나는 약간의 신열 때문에 치료를 받기 위해서 우베다로 갈 것입니다. 한 주간이 넘도록 날마다 열이 나면서 가실 줄 모르니 약을 써야 할 것 같습니다. 그렇지만 나는 곧 다시 돌아올 생각입니다. 나는 정말로 이곳에서의 성스러운 고독이 즐겁기만 합니다.[4]

우베다와 바에자, 두 수도원 중 한 곳을 선택할 수 있는 자유가 그에게 주어졌다. 많은 이들이 그를 잘 알고 또 다른 곳보다는 좋은 의약품을 구할 수 있는 바에자로 갈 것을 권유했다. 그러나 요한 수사는 쉬고 싶은 마음뿐이었다. 만약 자기가 바에자로 간다면 오만 사람들이 자기를 찾아올 것이 뻔했기에 우베다를 선택했다. 우베다는 신설 수도원이어서 물자가 딸리는 형편이고

---

[4] *Letter*, no.28, BAC, 993-4.

더구나 그곳 원장 빠드레 프란치스꼬 크리소스또모가 자기를 좋아하지 않는다는 것도 잘 알면서 요한 수사는 그렇게 결정했다. 요한 수사가 장상으로 있던 수도원에서 평수사로 있었던 이 원장은 요한 수사한테 징계를 받은 일이 있었고, 그는 이 일을 결코 잊지 않고 있었다. 이제 그는 보복할 기회를 만난 것이었다.

  그리 먼 길은 아니었지만 요한 수사의 신병 때문에 여행은 길고 지루했다. 흙먼지 이는 울퉁불퉁한 길, 병든 수사에게 내려꽂히는 따가운 가을 햇볕 …. 요한 수사는 얼마 동안 음식을 먹을 수도 없었다. 다리의 통증은 전보다 더 심해졌다. 계속 신열이 나고 속이 메스꺼웠다. 그러다가 우베다의 꼬불꼬불한 좁은 거리들이 보이자 요한 수사는 기쁨을 감추지 못했다. 누르스름한 갈색 건물들이 자갈 포장길을 따라 늘어서 있었다. 요한 수사는 곧 수도원 독방에서 쉴 것을 생각하고 숨을 돌렸다. 수도원에 당도하니 수사들이 그를 따스하게 맞아 주었다. 특히 그라나다에서 요한 수사에게 수련받았던 천주의 모친의 알롱소 수사가 반겼다. 그러나 원장은 조금도 반가운 기색을 보이지 않았다. 그의 수도원은 실제로 재정적인 곤란을 겪고 있었으므로 요한 수사가 온 것을 또 다른 문젯거리로 보았던 것이다. 치료 받으러 온 병든 수사에게 그는 이 사실을 분명하게 말해 주었다.

이 지상에서 요한 수사가 마지막으로 거처하게 될 방은 아주 나지막한 문을 통해서 들어가야 했다. 그가 원체 작은 사람이라 머리를 숙이지 않고도 들어갈 수 있었지만, 보통 키의 사람들은 허리를 굽혀야 이 작은 방을 들여다볼 수 있었다. 방은 유일한 가구인 딱딱한 나무 침대 하나도 겨우 들여놓을 정도로 비좁았다. 천장이 너무 낮기 때문에 마치 아무렇게나 짠 어떤 상자 속에 들어 있는 듯한 느낌을 주었다. 가을이 가고 겨울로 접어들면서 이 방 안으로도 차가운 바람이 사정없이 들이쳤다. 벽 사방에 금이 나 구멍투성이였던 것이다. 그렇지만 이제 이 방은 요한 수사가 쉴 수 있는 유일한 장소였다. 요한 수사는 그것을 고맙게 여겼다.

이 수도원에 온 다음 날부터 십자가의 요한 수사는 공동체의 모든 일과에 예외 없이 참석해야 했다. 병든 몸에 몹시 지쳤는데도 그는 다른 수사들과 함께 기도하고 식사하고 공동휴식 시간에도 자리를 같이했다. 원장이 그렇게 명했기 때문이다. 그는 다른 어떤 특별한 대우를 받지 못했다. 어느 날은 통증이 심해 도저히 식당에까지 갈 수가 없어서 그냥 침대에 누워 있었는데 원장은 그를 데려오게 하고 순종치 않는다고 마구 꾸짖었다. 그러나 며칠 뒤 그의 병은 더욱 악화되었고 그가 단독에 걸렸음이 밝혀졌다. 아주 조그마한 부스럼으로 시작된 것이 더쳐 심한 통증을 일으키는 여러 개의 종기로 번졌던 것이다. 의사를 불러왔다.

　의사 암브로시오 데 빌라릴은 그 비좁은 방에 들어와서 환자를 보자 무엇부터 해야 할 것인지 즉시 알았다. 우선 종기의 고름을 짜낸 다음 썩은 살을 도려내야 했다. 마취제를 사용할 수도 없는 처지여서 살을 베어 낼 때 그 아픔이야 말할 수 없이 컸겠지만 요한 수사는 신음 소리도 내지 않았다. 날이 갈수록 그의 병세는 악화되어 갔다. 그저 목숨만 붙어 있을 뿐, 그의 몸은 실제로 썩어 들어가고 있었다. 상처에서 고름이 쉴 새 없이 흘러 나왔기 때문에 하루에도 몇 차례나 붕대를 갈아 주어야 했다. 썩은 살을 잘라 내는 수술이 계속되었지만 환자는 조금도 차도를 보이지 않았다.

　이내 맨발 가르멜 수도원에서 성인 수사 한 분이 죽어 가고 있다는 소문이 퍼져 나갔다. 외부에서 많은 사람들이 그를 만나 보려고 찾아왔다. 어떤 사람들은 특별한 선물을 보내오거나 아니면 요한 수사의 시중을 들었다. 수도원 내의 수사들도 자주 요한 수사의 방에 드나들었다. 이 모든 일들이 원장을 더욱 화나게 했다. 결국 그는 어떤 수사도 자기의 허락 없이는 요한 수사의 방에 들어갈 수 없다고 못 박았다. 원장도 요한 수사를 보러 가기는 했으나 갖은 험구로 그를 더욱 괴롭혔다. 요한 수사에게 갈 때마다 원장은 요한 수사가 정말 덕이 부족하고 수도원에 있는 다른 수사들에게 좋지 못한 표양을 보여 준다는 등 험담을 일삼았다. 그는 요한 수사가 지나치게 해이해진 수도생활을 한다고 직설적으로 말했다. 또 요한 수사가 너무 편한 것만 찾고 심지어 병상에 누워 모든 사람의 관심을 끌게 된 것을 좋아하고 있다고 비난했다. 원장은 요한 수사가 청한 좀 나은 음식과 약도 거절했다. 거기에다 그는 요한 수사를 돌보아 주기 위해 같은 방에서 함께 잠을 자는 간호 담당 수사 동정 마리아의 베르나도 수사에게 더 이상 요한 수사를 간호하지 말라는 지시까지 내렸다. 해도해도 너무한다고 생각한 베르나도 수사는 관구장 예수의 안또니오 수사에게 편지를 써서 이 사실을 다 보고했다. 이 소식을 받자마자 안또니오 수사는 즉시 우베다로 달려왔다.

1591년 11월 하순 우베다 수도원에 도착한 안또니오 수사는 원장을 호되게 꾸짖고 비용은 자기가 다 댈 테니 그에게 필요한 모든 도움을 제공하라고 명령했다. 뿐만 아니라 그는 두루엘로의 옛 동료인 요한 수사와 얼마 동안 함께 지내기를 원했다. 그리고 다른 수사들도 있는 자리에서 개혁운동 초기에 겪었던 고생담을 늘어놓기 시작했다. 요한 수사는 눈에 띄게 안절부절못하면서 안또니오 수사에게 그런 얘기는 하지 않기로 약속한 사실을 일깨워 주었다. 안또니오 수사는 잠시 입을 다물었지만 그 얘기를 모두 듣고 싶어 하는 수사들이 졸라 대는 바람에, 할 수 없이 조금씩 말을 꺼내다가 결국 초창기에 관한 얘기를 거의 다 털어놓았다. 요한 수사는 몹시 당황하여 어쩔 줄 몰랐다.

이 무렵 이 작은 수사의 병은 급속도로 악화되고 있었다. 이제는 종기가 살 속으로 무섭게 깊이 파고 들어 격심한 통증을 느꼈으며 다리와 등에도 번졌다. 바싹 야윈 작은 몸뚱이에 살이라곤 거의 없었다. 어느 날 수사들이 요한 수사를 옮겨 눕히려고 하자 그는 자기 혼자서 움직이겠다고 고집했다. 요한 수사가 가까스로 자기 몸을 움직였을 때 수사들은 그 이유를 알게 되었다. 그의 등에 커다란 종기가 나서 수사들이 그를 들어 옮기면 참을 수 없을 정도로 고통스러웠던 것이다. 이것을 안 수사들은 즉시 요한 수사의 머리 위 천장에다 밧줄을 달아매 그가 그 밧줄을 붙잡고 가끔씩 몸의 위치를 바꿀 수 있도록 해 주었다. 그는 바로 임종 직전에도 밧줄을 당겨 몸을 올리면서 이런 말을 했다. "하느님 감사합니다. 저는 가볍네요!"[5] 그는 극심한 고통 중에도 유머를 잃지 않았던 것이다.

고통은 육체적인 것만이 아니었다. 그는 디에고 수사가 자기를 수도회에서 추방하려고 획책하고 있다는 이야기를 이미 들어 잘 알고 있었다. 외부에서 일어난 일

---

[5] BMC vol.14, 399 (BNM Ms. 19404, ca. fol. 176).

들을 알려 온 편지들을 넣어 둔 주머니가 그의 병상 머리맡에 걸려 있었다. 세상을 하직하기 얼마 전 요한 수사는 이 주머니와 그 속의 편지들을 그의 눈앞에서 모두 태워 버리도록 일렀다. 자기가 죽은 후에 누구에게라도 문제가 될 만한 꼬투리를 하나도 남겨 놓고 싶지 않았기 때문이다. 그는 죽어 가면서도 그토록 불성실한 처신을 하는 디에고 수사에 대해 누구든 자기 앞에서 비방하는 것을 허락지 않았다.

  수사들은 그의 고통을 덜어 주고 마음의 상처를 달래 주기 위해 온갖 방법을 생각해 냈다. 어떤 형제가 악사들을 불러와서 요한 수사를 위해 연주를 하게 하면 어떻겠냐고 제안했다. 꽤 흥미를 가진 듯 요한 수사는 너무 번거롭지 않다면 그렇게 해도 좋다고 처음으로 동의했다. 악사들이 와서 창문 밖에서 연주를 하기 시작했을 때 생각을 바꾼 요한 수사는 그 수사를 다시 불러서 악사들에게 사례금을 주어 돌려보내라고 했다. 그는 아마 악사들의 연주에 끌려 오히려 자기 마음속에서 들리는 **내적 음악**에 충분히 집중할 수 없을까 봐 염려했던 것이다. 바로 여기, 그리고 이 순간 자기에게 주어진 삶을 참아 견디어 낸다면 자기는 조금이라도 더 성숙할 수 있으리라는 것을 그는 알고 있었다. 그는 때때로 아무것도 할 수 없었다. 하루는 관구장이 그에게 무슨 얘기를 하고 있었는데 요한 수사는 이렇게 말했다. "관구장님, 죄송합니다. 저는 지금 심한 고통에 짓눌려 있어서 무슨 말씀을 하고 계시는지 전혀 귀담아들을 수가 없습니다." 그는 기도도 드릴 수 없었다. 오직 충실한 믿음을 끝까지 지켜 나가기를 바라면서 겨우 최후의 나날을 보내고 있었다. 관구장이 요한 수사에게 이제 곧 그가 당한 많은 고통의 대가로 상을 받게 될 거라고 하자 요한 수사는 "관구장님, 제발 그런 말씀은 말아 주십시오. 부디 제 죄만을 말해 주십시오" 하며 다시 눈을 감고 침묵했다.

숨을 거두기 일주일 전, 의사 빌라릴은 그의 임종이 얼마 남지 않았다는 것을 알고 이제는 요한 수사에게 알려 주어야 할 때라고 판단했다. 한 수사가 주저하며 요한 수사에게 "의사 선생님 말씀이, 시간이 임박했다고 합니다" 하자 자기가 곧 죽게 된다는 것을 안 요한 수사의 얼굴이 환해졌다. 마침내 이 모든 고통이 다하고 곧 끝이 날 것이었다. 그렇지만 한 주간을 더 기다려야 했다.

1591년 12월 13일 금요일, 요한 수사는 직감적으로 자기의 죽음이 다가왔다는 것을 알았다. 그래서 그는 원장을 불러오게 하여 자기가 그동안 원장과 수사들에게 갖가지 폐를 끼친 데 대하여 용서를 청했다. 원장도 수도원이 가난한 탓으로 그에게 좀 더 잘해 주지 못했다고 사과를 했다. 그날은 날씨조차도 싸느랗게 착 가라앉은 날이었다. 가끔 요한 수사가 몇 시인지 묻곤 했는데 그는 마치 시간에 매여 있는 사람처럼 보였다. 그런 다음에 그는 다시 눈을 감곤 했다. 이따금 형제들은 그가 숨을 거두었다고 생각하기도 했지만 그는 그저 조용히 눈을 감고 있을 뿐이었다. 다시 눈을 뜨면 자기 침대 곁에 있는 십자가를 바라보다가 거기에 입을 맞추고 또다시 침묵 속에 잠기곤 했다. 오후 다섯 시경 그는 다시 몇 시가 되었는지 묻고 나서 병자성사 받기를 원했다(당시는 종부성사라 했다). 성사 예절이 진행되는 동안 그는 다른 수사들과 함께 기도문을 암송했다. 그런 다음 그는 수사들에게 자기가 나쁜 표양을 보여 준 데 대해 용서를 청했다.

관구장이 그들 모두를 위해서 마지막으로 몇 마디 해 주기를 간청하자, 십자가의 요한 수사는 수사들에게 항상 규칙을 따르고 장상에게 순종하며 형제들을 사랑하면서 화목한 생활을 하라고 당부했다. 그러고 나서 그는 깊은 애정을 가지고 그들에게 십자성호를 그어 주었다. 그리고 남은 저녁 시간은 자기 혼자 있고 싶어 했다. 몇 사람만 자기 곁에 있게 해 그들과 함께 기도를 드리고는 십자가에 입을 맞추었다. 그는 격심한 고통에 휩싸였다. 밤 11시 30분이 되었을 때 그는 다시 한 번 시간을 묻고 나서 "떠날 때가 다가왔어요. 내 형제들을 불러 주십시오"하고 일렀다. 열네 명의 형제들이 촛불을 들고 왔다. 그 작은 방에 다 들어갈 수가 없어서 못 들어간 사람들은 바깥 복도에 있었다. 촛불 타는 냄새가 작은 공간을 가득 채웠다. 수사들이 시편 129장 **"깊은 구렁 속에서 …"**를 바치는 동안 촛불이 흔들리고 벽의 그림자들도 얼른거렸다. 자정이 되어 가는데 죽어 가는 사람이 또 시간을 물었다. 흥분한 몇몇 수사들이 초조한 마음에 고별 기도문을 서둘러 찾았다. 책장 넘기는 소리에 요한 수사는 그들을 바라보며 "하느님의 사랑에 맡겨 드리고 조용히들 하십시오" 했다. 몇 분 뒤 원장이 임종자를 위한 기도를 바치기 시작하자 요한 수사는 그 기도 대신 아가의 몇 구절을 읽어 주기를 청했다. 그들이 읽는 동안 그는 이 말을 계속 되풀이했다. "얼마나 불가사의한 진주인가! 얼마나 불가사의한 진주인가! …"

조과경을 알리는 종소리가 들려왔다. "무슨 종소리지요?" 하고 요한 수사가 물었다. "형제들을 부르는 조과경 종소리입니다" 하고 그들이 대답하자, 요한 수사는 "하느님께 영광! 나는 천국에서 조과경을 읊을 것입니다"라고 응답하고는 마치 형제들 각 사람에게 개별적인 유언이라도 하듯 한 사람 한 사람 찬찬히 바라보았다. 그리고 마지막으로 십자가에 입을 맞추고 나서 "주님, 제 영혼을 당신 손에 맡기나이다" 하고 눈을 감았다.[6]

1591년 12월 14일, 자정이 막 지날 즈음 그는 숨을 거두었다. 라 부바 병원의 시중꾼, 개혁 가르멜의 첫 수사, 똘레도의 죄수, 맨발 가르멜회의 수석 자문 위원, 예수의 열애자였던 십자가의 요한 수사는 이제 그 생애를 마쳤다. 그의 죽음은 그가 살아온 모습처럼 부드럽고 온화하고 다정다감했다.

어두운 밤은 이제 끝났다. 무無에의 추구도 끝이 났다. 그러나 그는 삼라만상 속에, 그의 하느님과 그 자신이 그토록 사랑했던 삼라만상 속에 깊이 뿌리를 내린 성스러운 사람으로 남아 있다.

---

[6] BNM Ms. 12738, fol. 355.

맺음말

요한 수사의 죽음이 삶의 극적이고 신비로운 노정에 종지부를 찍은 것으로 생각될지도 모른다. 그러나 실상은 그렇지가 않았다. 그가 숨을 거두자 수사들은 야윌 대로 야윈 그의 시신을 조심스레 씻고 그의 낡은 수도복을 입힌 다음, 우베다와 인근 지역의 많은 주민들이 평소에 사랑하고 존경했던 그에게 마지막 경의를 표하기 위해 몰려올 것에 대비했다. 그의 얼굴엔 잔잔한 미소가 감돌고 있었다. 그것은 그가 생전에, 시련을 겪고 있는 수많은 사람들을 부드럽게 격려해 주고, 또한 그 자신의 삶을 통해 이 세상에 들어오신 초월적 하느님께 마음의 눈을 열지 않는 사람들을 깨우쳐 줄 때 지었던 바로 그 미소였다. 이 미소는 그가 죽어서 참으로 평화로운 안식을 누리고 있음을 알려 주었다.

여러 달 동안 그가 우베다 수도원 병상에 누워 움직이지 못하고 있을 때 사람들은 그의 몸에 닿은 갖가지 물건들을 하나씩 모으기 시작했다. 기념이 될 만한 물건을 가지고 싶어 하는 사람들에게는 그의 상처를 싸매었던 붕대가 특히 값진 것이었다. 세상 사람들은 흔히 모든 이가 열망해 마지않는 위대한 삶을 보낸 사람과 관련된 물건들을 본능적으로 소중하게 보존하려 한다. 십자가의 요한 수사는 국가적 영웅은 아니었지만 그에게는 많은 사람들, 특히 사회에서 천대받는 사람들과 가난한 사람들의 생각과 마음을 사로잡는 그 무엇이 있었다. 그 역시 그들과 같은 처지의 사람이었으니 그들은 그것을 잘 알고 있었다. 마지막 몇 주 동안 그의 붕대를 빨고 손질해 주던 부인도 그것을 알고 있었다. 또한 그가 병고에 시달리는 동안 그의 방에서 함께 자며 간호하던 수사도, 요한 수사가 앓아누웠을 무렵 우베다 수도원에서 수도생활을 갓 시작한 수사들도 그것을 알고 있었다. 그들은 각기 나름대로 그의 존재를 구체적으로 확인할 수 있는 것들, 붕대 조각, 수도복 조각, 심지어는 그의 살점까지를 간직해 두려고 했다. 이러한 것들은 그의 영속적인 존재를 상징하는 신성한 물건들이 되었다. 그의 동료 수사들도 그의 수도복 조각들과 그의 몸에 닿았던 물건들을 가져가기 시작했다. 그들은 요한 수사의 시신을 무거운 나무 테이블에 모셨는데 이것도 새로운 가치를 지니게 되었다.

  그가 병상에 있을 때 이미 이 수도원에 특별한 수사가 살고 있다는 말이 널리 퍼져 나갔다. 요한 수사를 치료해 주며, 그의 강인함과 참을성을 직접 지켜본 의사가 자신의 놀라움을 숨길 수 없었던 것이다. 삶과 고통, 그리고 죽음까지도 믿을 수 없을 만큼 기꺼이 받아들인 이 작은 수사의 태도에 대해 그는 다른 사람들에게 이렇게 말하곤 했다. "그토록 혹독한 고통과 고뇌 속에서도 어떻게 그처럼 온화하고 상냥할 수가 있는 것인지?" 환자의 붕대를 빨아 주던 부인도 역시 그에 관해서 들은 이야기들을 사람들에게 퍼뜨렸다. 환자의 상처를 싸맸던 붕대나 시트를 세탁하는 그 비천한 일도 그녀에겐 날이 갈수록 뜻 깊은 일로 여겨졌다. 그 일은 그녀가 환자의 고통을 덜어 줄 수 있는 좋은 기회였고, 그래서 그녀는 더욱더 그 일에 정성을 기울였다.

그가 이 세상에서 보낸 마지막 날들에 대한 이야기와 함께 그의 생전에 있었던 일들이 사람들의 입에 오르내렸다. 감방에 갇혀 자기 수도회 동료들에게 가혹한 고문을 당한 얘기, 또 대부분의 사람들이 생각하기에는 "이탈"의 덕에 분명히 어긋나는데도 불구하고 자기 어머니와 형을 끔찍이도 사랑한 얘기, 그리고 어려운 처지에 있는 사람들을 사랑한 그가 특히 가난한 사람, 교육받지 못한 사람들을 사랑한 얘기 등이 알려졌다. 이렇게 하여 그의 생애는 그를 직접 만나 본 일이 없는 사람들에게도 하느님에 대한 색다른 인식을 가지게 했다. 즉, 예수를 통해 자신을 드러내 보이신 하느님께서는 진정 인간을 사랑하시고, 특히 사회적으로 멸시받는 사람들을 사랑하신다는 사실을 깨닫게 했던 것이다. 우베다 읍민들 가운데 그에 관한 얘기를 들어 보지 못한 사람이 별로 없을 정도로 소문이 자자했던 그가 12월 14일 그 차가운 날에 마침내 세상을 떠났다.

14일 새벽 한 시경에 수도원의 종소리가 울려 퍼지자 사람들이 무리 지어 모여오기 시작했다. 행렬은 좁은 거리를 지나 수도원으로 향했다. 차가운 겨울비가 내리는 거리엔 가끔 세찬 바람이 몰아치는데도 언덕 중턱에 있는 이 시골 읍내는 종소리를 따라 움직이는 남녀 인파로 갑자기 웅성거리며 활기를 띠기 시작했다. 종소리는 지난 몇 주 동안 사람들 입에 자주 오르내린 성스러운 인물을 직접 와서 보라고 부르는 것 같았다. 대다수의 가난한 우베다 주민들도 부유한 사람들과 어깨를 나란히 하고 걸었다. 수도원 너른 방 요한 수사의 시신 둘레에는 큰 촛불들이 밝혀져 있었다. 사람들이 차례로 그의 손과 발에 입을 맞추고 촛불 타는 냄새가 온 방을 가득히 채웠다. 맨발 가르멜 수사들이 지켜 서서 막아도 사람들은 그의 수도복을 조금씩 잘라 내어 집으로 가져 가곤 했다.

이튿날 아침 수도원 종소리를 듣지 못했거나 듣고도 그것이 무슨 뜻인지 몰랐던 사람들이 수도원으로 몰려들었다. 입추의 여지 없이 몰려든 군중들 때문에 수사들은 십자가의 요한 수사의 시신을 성당으로 옮기느라 애를 먹었다. 전날 밤의 광경이 되풀이되었다. 사람들은 무릎을 꿇고 요한의 발과 손에 입을 맞추며 이 작은 수사의 현존을 확인케 할 만한 물건을 기념으로 가지고 가려고 했다. 요한 수사와 잘 아는 사이였던 한 도미니꼬 회원은 이 야윈 시신의 손가락을 하나 잘라 가려고 하다가 저지당했다. 그러나 그 북새통에 수도복 자락뿐 아니라 시신의 살점까지 베어 가는 데 성공한 사람들도 없지 않았다.

  점차 질서가 잡히면서 망자를 위한 예절이 시작되었다. 연미사가 집전되는 동안 평신도나 성직자들이나 모두 이 전례가 단순히 한 사람의 평수사를 위한 장례식이 아니라 하느님의 사랑이 얼마나 깊이 한 인간 안에 육화될 수 있는지, 또 그 사랑이 얼마나 따스하게 다른 사람들에게 자비를 베풀 수 있는지를 보여 준 거룩한 사람의 장례식임을 생생하게 느낄 수가 있었다. 거기에 참석한 이들 가운데는 그 순간까지도 그에 대해 좋지 않은 감정을 품은 사람들도 분명 있었다. 그렇지만 그들 역시 거기 모인 대부분의 사람들이 한결같이 요한 수사에게 감복하고 있음을 볼 수 있었다. 바에자에 있을 때부터 요한 수사와 친분이 있었던 비체라 박사가 강론을 했는데, 그는 이 장례미사가 하느님의 자비를 구하기 위한 것이라기보다 십자가의 요한 수사의 삶을 통해서 그들 각자에게 베풀어진 은혜에 감사를 드리기 위한 기회임을 강조했다. 비록 사람들이 십자가의 요한 수사의 성성을 충분히 이해하지는 못했다 하더라도 거기에는 사실상 한 성인이 누워 있었다. 미사가 끝나고 전통적 관례에 따라 망자를 위한 기도를 드린 다음 사람들은 시신을 장지로 운구해 갔다. 그러나 그의 시신을 매장함으로써 드라마의 막이 내린 것은 아니었다.

요한 수사의 절친한 친구로, 여러 해 전에 세고비아에다 맨발 가르멜 수도원을 세워 준 세뇨라 안나 데 페날로사가 예수 마리아의 니꼴라스 수사에게 요한 수사의 시신을 세고비아로 이장하게 해 달라고 청했던 것이다. 요한 수사가 우베다보다는 세고비아에서 더 평안한 안식을 누릴 수 있으리라 생각했기 때문이다. 맨발 가르멜회의 총장 대리 니꼴라스 수사는 그 요청에 동의하고 우베다의 수도원장에게 편지를 써서 그 편지를 가지고 가는 사람들에게 요한 수사의 시신을 내주도록 지시했다.

1592년, 요한 수사가 사망한 지 9개월 가량 되었을 때 요한 데 메디나 바발로스라 하는 사람이 우베다로 가서 원장에게 편지를 내놓았다. 그날 저녁 바발로스가 다른 두 사람의 인부와 원장, 그리고 두 명의 수사들과 함께 무덤을 파 보니 시신은 바싹 말라 있었지만 조금도 상하지 않고 본래의 모습 그대로였다. 그들은 그때쯤엔 시체가 이미 완전히 썩어 뼈만 남았을 것이라고 생각했던 것이다. 그래서 그들은 하는 수 없이 시체 대신에 손가락 하나만을 잘라서 세뇨라 안나 데 페날로사에게 가져가기로 하고 시체를 다시 묻고는 훗날 다 썩으면 옮기기로 했다.

  1593년, 이제는 이장할 수 있을 만큼 시신이 완전히 썩었으리라 생각한 요한 수사의 친구는 다시 한 번 같은 사람을 우베다로 보내어 유골을 거두어 오게 했다. 그가 우베다에 당도했을 때 전과 똑같은 장면이 되풀이되었다. 일행은 원장에게 편지를 보여 주고 밤 열한 시경 평신도와 수사들이 함께 조용히 묘지로 가서 조심스레 무덤을 파 보았다. 그러나 역시 시신은 썩지 않고 그대로 있는 것이 확인되었다. 그래도 이번에는 어떻게 해서든지 시신을 모셔 가기로 결정하고 이 작은 무리는 밤을 타서 몰래 우베다를 벗어나 북쪽으로 향했다. 그들은 우베다 읍민들에게 이 일이 알려지면 항의 소동이 일어날 것을 두려워했기 때문에 은밀히 행동해야 했다. 비밀을 지키기 위해 마드리드로 가는 동안 사람들의 눈에 띄지 않는 상자에 시신을 모시고 주로 밤길을 걸어서 바에자와 그 밖의 촌락들을 지나가곤 했다.

  마드리드 시내로 들어가기 전에 바발로스는 세뇨라 안나 데 페날로사와 그녀의 남동생에게, 유해를 곧 모시고 들어가겠다는 전갈을 보냈다. 맨발 가르멜 수녀원에서는 만반의 준비를 갖추고 운구 일행이 도착하자 문을 열었다. 절친했던 옛 친구들과 동료 수사들 몇 사람이 지켜보는 가운데 요한 수사의 시신은 그가 수년 전에 들렀던 수녀원으로 들어갔다. 수녀들은 요한 수사의 시신에 새 수도복을 입히고 유물로 남겨 두기 위해서 한쪽 팔을 잘라 내었다. 그리고 요한이 생전에 정을 쏟고 아꼈던 수도원에 그의 시신을 묻기 위해서 일행은 다시 세고비아로 길을 떠났다.

세고비아는 2년 전 우베다에서의 밤샘 예절이나 장례식 때와 같은 흥분된 분위기 속에서 요한 수사의 유해를 맞아들였다. 유해가 수도원에 도착하기가 무섭게 요한 수사가 돌아왔다는 말이 온 시내에 퍼져 나갔다. 사실상 그의 생전에 그를 보았던 사람은 거의 없었고, 모두가 그에 관한 이야기만 들어 왔을 뿐이지만 수많은 사람들이 그의 유해를 뵙고 경의를 표하기 위해 시내를 빠져 나와 언덕 밑 수도원으로 몰려들었다. 사람들은 유해를 지키고 있는 수사들에게 묵주나 다른 성물들을 내주면서 유해에 댔다가 돌려 달라고 간청했다. 그것을 소중한 유물로 간직하려 했던 것이다.

십자가의 요한 수사의 유해가 없어진 사실을 알게 된 우베다 읍민들은 몹시 당황했다. 그들은 빼앗긴 유해를 되돌려 받기 위해서는 고위층으로부터 특별한 허락을 얻어 내야 한다는 것을 알고 있었다. 이 읍의 지도자들은 로마에 대표단을 파견하여, 세고비아에 있는 유해를 원래 장지로 다시 이장하게 해 달라고 교황에게 탄원했다. 이리하여 1596년 10월 15일 교황 끌레멘스 8세는 유해를 우베다로 되돌려 보내라는 훈령을 내렸다. 그러나 유해는 이미 3년 동안이나 세고비아에 안장되어 있었으니, 또다시 이장하게 될 경우 심각한 소요가 일어나리라는 것은 분명한 일이었다. 이렇게도 저렇게도 할 수 없는 막다른 판국으로 보였다.

이때 맨발 가르멜회의 장상들이 이 일에 개입했다. 차제에 요한 수사의 유해를 둘러싼 모든 문제를 완전히 결말짓게 되기를 바라면서 그들은 한 가지 타협안을 내놓았다. 즉, 우베다와 그곳 수도원에서는 유해의 남은 한쪽 팔과 다리를 — 그 수도원에서는 이미 한쪽 다리를 간직하고 있었다 — 가져가고 세고비아 수도원에서는 머리와 몸통을 보존할 것을 제안했다. 이런 식으로 일을 해결짓게 되기까지 숱한 어려움이 따르긴 했지만, 결국은 이렇게 하는 것이 최선의 해결책임을 모두가 동의하고 유해를 가르기에 이르렀다.[1] 지금도 세고비아에 가면 20세기 초에 만들어진 특수 제단 위에 화려한 대리석 상자를 볼 수 있는데, 그 안에 십자가의 요한 수사의 유해가 안치되어 있다.

---

[1] 이 사건은 Alonso de la Madre de Dios, *Vida, virtudes*, fol. 301-40에 자세히 묘사되어 있는데, 성인전 투로 더 보탠 것을 볼 수 있다.

시복과 시성

　십자가의 요한 수사가 세상을 떠난 지 23년 만에 그의 시복을 위한 조사가 정식으로 추진되기 시작했다. 1614년에서 1616년까지 관계 당국자들이 로마의 공식 관여 없이 메디나 델 캄포와 세고비아, 아빌라, 자엔, 바에자, 우베다, 알카우데떼 그리고 말라가에서 자료를 수집했다. 그러나 11년 후(1627년)에야 로마 성청은 조사 목록에 살라망까에서 얻은 자료를 덧붙여서 이전에 수집된 자료들을 받아들이고 공식 절차를 진행시켰다. 실제로 시복식은 1675년에 가서야 거행되었고, 시성식은 1726년에 겨우 거행되었다. 많은 사람들이 1582년에 서거하여 1622년에 시성된 아빌라의 데레사처럼 그도 빨리 시성되리라고 기대했다가 의외로 오랫동안 지연되는 것을 보고 놀랐다. "어째서 그토록 오랜 시간이 걸려야 했던가?" 하는 의문이 지금까지도 남아 있다. 우베다와 세고비아 간의 알력과 안달루치아와 까스띨 간의 해묵은 반목도 시성이 그토록 미루어진 한 이유가 될 수 있다. 더욱이 데레사의 열렬한 제자이면서 요한 수사의 친구였던 예수의 안나 원장수녀가 전하는 바에 의하면 맨발 가르멜회의 지도자들 중 몇 사람은 그가 죽은 지 여러 해가 지난 뒤에도 그를 싫어했다고 한다. 이들은 그를 공적으로 성인품에 올리는 것을 탐탁찮게 생각했을 것이다. 미심쩍은 정치적 요인이 시성을 지연시키는 데 한몫을 했음이 틀림없다.

그뿐 아니라, 유해에 대한 사람들의 믿을 수 없을 정도의 강한 집착이 여러 가지 문제를 야기시켰다. 우리는 앞에서 유해와 또한 유해로 말미암아 일어나는 기적들에 대한 스페인 사람들의 열정이 얼마나 대단했는지 우베다와 세고비아 사람들의 경우에서 보았다. 그런데 1625년 로마 교황청 당국은 로마의 사전 승인 없이 사람들이 죽은 누군가를 공공연히 공경하는 행위를 강력히 금하는 지시를 내린 바 있었다. 1647년 10월 30일 새벽, 세고비아 시민들과 맨발 가르멜 수사들은 수도원 성당 문에 못 박아 놓은 두 장의 공문서를 보고서 놀라지 않을 수 없었다. 그 공문서에는 성스럽다는 평판이 도는 사람의 유해를 눈에 띄는 자리에 안치해 두는 것을 로마 당국이 명백히 금한 사실을 상기시키는 말들이 적혀 있었다. 그뿐 아니라, 공문서는 이 성당 안에서 십자가의 요한 수사의 유해를 공경하고 있는 것이 바로 이 규제를 어기는 것이라고 명기하고 있었다.[2]

다음 날 1647년 10월 31일자로 맨발 가르멜회의 총장 요한 보티스타로부터 편지가 왔다. 그는 세고비아

---

[2] 더 자세하게 알려면 *Ephemerides Carmeliticae* 4-5 (1950~1954), 13-69에 실린 Tomas de San Juan de la Cruz 수사의 훌륭한 글 "Culto al 'Siervo de Dios' Fray Juan de la Cruz. Historia de unos procesos olvidados"를 보라. 이 책은 내가 요한 수사의 시복과 시성에 관하여 논술하는 데 으뜸 참고 자료가 되었다.

수도원에 거처하고 있는 성 마리아의 빠드레 바르톨르메오 수사에게 십자가의 요한 수사의 유해를 공경의 예를 표하던 자리에서 옮겨 관습대로 땅속에 묻도록 지시를 내렸다. 나흘 안에 이 조치가 실행되고 주교에게 그 사실이 통고되었다. 그 후 교구청 직원이 파견되어 로마의 교령대로 유해를 그전 자리에서 치웠는지 조사하고 현장 검증을 했다. 사실이 확인되자 관계자들은 맨발 가르멜 수도회의 이 같은 즉각적인 순종으로 인해 성당 문에 붙인 공문서가 암시한 시복 절차 전면 중단이라는 위험은 모면하게 되리라 기대하면서 로마 당국자들에게 이 사실을 보고했다. 그 이듬해엔가 맨발 가르멜회는 다시 한 번 시복 절차를 추진시켜 보려고 애썼다. 그러나 로마 당국자들은 너무 느려서 일일이 수속을 밟자니 한이 없어, 결국 1649년 교황이 직접 이 일에 개입하여 시복 절차를 추진시켜야 한다고 믿게 되었다. 마침 스페인 국왕 필립 4세의 중재로 이 일이 성사되었다. 이런 정치적 작용으로 길이 트이면서 시복 절차는 놀랄 만큼 급속도로 진행되었다.

 1650년 2월 21일, 특별히 선정된 일단의 덕망 높은 사람들이 요한 수사의 유해를 안치한 장소를 조사하러 세고비아 맨발 가르멜 수도원에 파견되었다. 그들은 요한 수사의 유해를 공공연하게 공경하고 있는지 알아 보고 사태의 전모에 대한 어떤 결론을 내릴 작정이었다.

2월 21일자 문서에는 성당 오른쪽 사용하지 않는 작은 경당 마룻바닥 밑에 요한 수사의 유해가 안치되어 있다고 기록되어 있다. 이 가르멜 개혁자의 초상화 같은 것도 전혀 눈에 뜨이지 않았으므로 조사단은 초상화와 초, 그밖에 숭배의 대상이 될 만한 물건들이 어디 있는지 물어보았다. 수사들은 로마의 훈령에 따라 그런 것들은 모두 수도원에서 가장 깊숙한 자리에 보관해 두었다고 대답했다. 조사단이 그곳을 보고 싶어 해서 수사들은 멀찍이 떨어져 있는 어두컴컴한 수도원 구석으로 그들을 인도했다. 거기서 조사단은 이 모든 물건들이 정말 눈에 뜨이지 않는 곳에 보관되어 있음을 확인했다. 이런 일이 있고도 증거 자료를 심사하는 데 또 몇 달이 더 걸렸다. 1650년 11월 26일, 드디어 심사 당국은 가르멜 수도원 성당에서 십자가의 요한 수사를 예배하거나 특별히 공경한 일이 없었음을 선언했다. 그리고 1651년 2월 9일, 시복 절차에 필요한 모든 서류가 로마 성청에 제출되었다.

그러나 또 한 가지 해결해야 할 걱정거리가 남아 있었다. 그것은 십자가의 요한 수사의 저서에 나타난 교의에 관한 문제였다. 16세기 전반에 걸쳐 그리고 17세기 초엽에 이르기까지 스페인에는 알룸브라도Alumbrado(계몽) 운동이 매우 성행했다. 이 이단적 영성운동은 지나치게 내적 생활만을 강조하여 이 운동의 추종자들은 흔히 전례와 심지어는 교회의 권위까지도 형식적인 것으로 간주했다. 요한 수사는 내적 기도와 묵상 그리고 관상을 크게 강조하기는 했으나, 전례의 외적 형식이나 제도적 교회의 권위에 대해서 알룸브라도파와 같은 과격한 반응을 보인 일은 없었다. 사실 그는 사람들에게 환시나 탈혼, 그 밖에 알룸브라도파가 성성의 대표적 표징으로 생각하는 현상들에 대해 일체 관심을 기울이지 말 것을 권유했던 것이다. 그런데 과격한 알룸브라도파의 마지막 그룹의 하나가 17세기 초엽, 남부 스페인에서 발각되었을 때 그들의 서재에서 공교롭게도 요한 수사의 저서와 아빌라의 데레사가 쓴 책들이 발견되었다. 신비주의를 우려하고 정통 교리를 옹호하려는 열망이 드높던 이 시기에 알룸브라도파의 서재에서 이와 같은 물건들이 발견되었다는 것은 요한 수사의 시복운동에 결코 도움을 주는 일이 못 되었다. 관계 공직자들은 요한 수사의 저서들을 철저히 조사해 볼 필요가 있다고 생각했다. 요한 수사는 자신의 여러 저서에서 자기가 쓴 모든 것을 교회의 판단에 맡긴다고 적어두었으나 그의 저술에 나타난 강한 신비적 색조로 말미암아 그는 의심을 받게 되었다. 이 모든 점을 고려하여 로마 성청은 원숙하고 존경받는 신학자 한 사람을 임명하여 그의 저서들을 조사하게 했다. 그는 그의 마지막 판정문에 요한 수사의 저서들 안에 담겨 있는 내용은 성서 안에서도 발견되는 것이라고 적어 놓았다. 따라서 그 저술의 온전히 복음적인 색채와 내용 때문에 이 가르멜회의 개혁자를 흠잡을 수는 없게 되었다. 1655년 8월, 이 보고가 발표되었을 때 요한 수사의 저서들은 비난을 받기는커녕 그와 같은 복잡한 주제들을 깊이 있고 명확하게 다룬 데 대해서 찬양을 받았다. 이로써 모든 장애는 사라지고 시복식이 곧 거행될 것 같았지만 이번에도 여의치 못했다. 누가 그랬는지는 알 수 없으나 똘레도에 있는 가르멜 수도원 성당 안에 요한 수사의 초상화가 한 장 붙어 있었고 더구나 이것을 복사하여 유럽의 여러 나라에 보낸 사실이 로마 당국에 알려졌던 것이다. 이 공경 여부 심리를 다시 한 번 처음부터 시작할 것인가? 재연된 듯한 공경 문제는 시복식 전에 깨끗이 해결되어야 했다. 결국 현지조사를 하고 사실이 확인되자 세고비아의 경우처럼 공경 행위는 중지되었다.

그렇지만 요한 수사의 성성에 관한 문제가 또다시 제기되었으니 이 문제도 해결해야 했다. 요한 수사가 똘레도 수도원 감방에 있을 때, 자기 수도회 반대파의 권위에 완강히 반항해 자기의 수도서원을 외면하고 순종하지 않았다는 비난을 받은 것이 지적되었던 것이다. 자칫하면 이런 비난이 그가 "영웅적인" 덕성을 갖추었다는 주장을 무효화시킬 위험도 있었을 것이다. 도대체 누가 그리고 왜 이런 반론을 다시 제기했는지 캐어 보고 싶지만 알 길이 없다. 우리는 단지, 이 같은 문제가 제기되었지만 결국 원만히 해결되었다는 것만을 알 따름이다. 당시 그가 취한 태도는 결코 반항적이라고 — 처음에는 그렇게 여겨졌지만 — 할 수 없는 것이, 이미 그는 더 높은 권위, 즉 교황 대사에게 복종했다는 입장에서 처신했기 때문이다. 그런데 또 그가 죽은 후에 과연 확실한 기적이나 환영이 나타났느냐 하는 문제가 제기되었다. 그의 시복은 결코 이루어질 수 없는 것처럼 보였다. 한 가지 문제가 해결되면 또 다른 반론이 제기되고 자꾸 지연되기 때문에 결국 다시 한 번 교황이 이 문제에 개입하도록 요청받기에 이르렀다. 교황이 공식 절차를 속히 진행시키도록 명했음에도 불구하고 시복에 대한 논란은 시복식이 거행되는 바로 그날까지도 계속되었다. 마침내 완화 가르멜회와 맨발 가르멜회가 함께 노력한 덕분에 모든 장애 요소들이 제거되고 요한 수사는 1675년 1월 25일 시복되었다. 그리고 1726년 12월 27일 교황 베네딕도 13세에 의해서 성인품에 올려지게 되었다.

    정치적 영향으로 시복 절차가 지연되었다. 그러나 설득력 있는 증거 자료뿐 아니라 바로 그런 현명한 정치적 조처 때문에 요한 수사는 참으로 인간적이면서도 성스러운 사람이었다는 인정을 받게 되었던 것이다.

십자가의 요한 수사의 성성

"생애의 말년에 가면 당신은 사랑의 시험을 받을 것이다"[3]라는 요한 수사의 글은, 그 당시뿐 아니라 오늘날 우리에게도 중요한 성성의 신비를 열어 볼 열쇠를 건네주고 있다. 그는 성서에 깊이 빠져 들어감으로써 사랑의 계명이 모든 인간에 대한 하느님의 근본적이고도 절대적인 부르심이라는 것을 깨달았던 것이다. 하느님을 사랑한다는 것은 곧 자기와 더불어 살아가고 있는 동포인 이웃을 사랑한다는 것이다. 하느님이 바라는 금욕적 고행은 바로 이 사랑을 구체적으로 실행하는 삶의 일환이다. 이사야는 이에 관한 야훼의 말씀을 다음과 같이 웅변적으로 표현했다.

"그들은 나를 날마다 찾으며,
나의 뜻을 몹시도 알고 싶다면서,
마치 옳은 일을 해 온 백성이거나 하듯이,
자기 신의 법을 어기지 않은 백성이거나 하듯이,
무엇이 옳은 법인지 나에게 묻고
하느님께 가까이 나가고 싶다면서
한다는 소리는,
'당신께서 보아 주시지 않는데

---

[3] *Sayings of Light and Love*, BAC no.59, 963.

단식은 무엇 때문에 해야 합니까?
당신께서 알아주시지 않는데
고행은 무엇 때문에 해야 합니까?'
그러면서 단식일만 되면 돈벌이에 눈을 밝히고
일꾼들에게 마구 일을 시키는구나.
그렇다, 단식한다는 것들이 시비나 하고 싸움이나 하고
가지지 못한 자를 주먹으로 치다니, 될 말이냐?
오늘 이따위 단식은 집어치워라.
너희 호소가 하늘에 들릴 리 없다.
이따위 단식을 내가 반길 줄 아느냐?
고행의 날에 하는 짓이 고작 이것이냐?
머리를 갈대같이 구푸리기나 하고
굵은 베를 두르고, 재를 깔고 눕기나 하면
그것으로 다 될 듯싶으냐?
그게 이른바 단식이라는 것이냐?
그러고도 야훼가 이날 너희를 반길 듯싶으냐?
내가 기뻐하는 단식은 바로 이런 것이다."
주 야훼께서 말씀하셨다.
"억울하게 묶인 이를 끌러 주고
멍에를 풀어 주는 것,
압제받는 이들을 석방하고
모든 멍에를 부수어 버리는 것이다.
네가 먹을 것을 굶주린 이에게 나눠 주는 것,

떠돌며 고생하는 사람을 집에 맞아들이고
헐벗은 사람을 입혀 주며
제 골육을 모르는 체하지 않는 것이다.
그렇게만 하면 너희 빛이 새벽 동이 트듯 터져 나오리라.
너희 상처는 금시 아물어
떳떳한 발걸음으로 전진하는데
야훼의 영광이 너희 뒤를 받쳐 주리라.
그제야, 네가 부르짖으면, 야훼가 대답해 주리라.
살려 달라고 외치면, '내가 살려 주마' 하리라.
너희 가운데서 멍에를 치운다면,
삿대질을 그만두고 못된 말을 거둔다면,
네가 먹을 것을 굶주린 자에게 나누어 주고
쪼들린 자의 배를 채워 준다면,
너의 빛이 어둠에 떠올라
너의 어둠이 대낮같이 밝아 오리라"(이사 58,2-10).

예수께서 그 시대에 "성도"로 자처하는 사람들에게 충격을 주고 그들의 반감을 산 것은 바로 하느님이 바라신 대로 행하셨기 때문이다. 그분은 억압받는 이들을 해방시키고 제자들을 위해서 사랑의 헌장을 제정해 놓으셨다. 바로 이 사랑과 자비를 통해서 하느님 아버지는 모든 인간, 특히 우리 사회에서 소외되어 사람 대접을 못 받는 이들에게 보살핌의 손길을 뻗치시는 것이다. 예수의 제자로서 우리는 반드시 소외 계층의 편에 서서 그들과 구체적이고 실제적인 관계를 맺어야 한다는 의식이 높아지고 있는 현상은 오늘의 성도가 되려면 어떻게 해야 하는가를 나타내는 표징이다. 요한 수사는 비록 현대와 다른 시대, 다른 문화 속에서 살았지만 모든 것을 가르쳐 주시는 성령에(요한 14,26) 힘입어서 또 성령 안에서 도달하게 된 거룩함과 완전함의 한 본보기이다.

십자가의 요한 수사의 삶과 인격을 합당하게 평하는데 이 사랑보다 더 특징적인 것은 없다. 그는 가난한 사람들, 물질적으로나 정신적으로나 궁핍한 사람들을 사랑했다. 메디나 델 캄포의 라 부바 병원에서 병자들을 간호해 주던 그를 생각해 보라. 그가 돌보아 주었던 환자들은 돈 없는 사람들, 질병과 가난 때문에 사회에서 소외당한 사람들이었다. 그들은 요한의 마음속에 특별한 자리를 차지하고 그 사랑에 넘치는 특별한 동정을 받았다. 그라나다에 기근이 덮치고 전염병이 바에자를 휩쓸었을 때 그가 직접 간호해 준 수사들과 주민들을 상기하면 알 수 있다. 그리고 아빌라 강생 수도원 근처 오두막집에서 살 때 가난한 이웃들을 사랑한 그는 아이들의 친구요 스승이 되어 주었다. 또 그는 자기 형 프란치스꼬를 "세상에서 가장 귀한 보물"이라고 부르기까지 했다. 당시 사회에서는 형의 존재를 오히려 숨겨야 한다고들 말했지만, 그는 형에 대한 자기의 애정을 조금도 거리낌 없이 드러내 보였다. 그가 세고비아에 살 때는 그곳 사람들이 모든 일에 체면을 앞세우는 관습을 무시하고 "애착"이라 할 정도로 자기 형을 극진히 사랑했다. 세상 사람들이 기대하는 것들에 그는 별 관심을 두지 않았다. 그것은 그의 삶이 그의 동반자이자 벗이 되신 스승의 명에 기반을 두고 있었기 때문이다. 요컨대 그의 감수성과 동정심에서 우러나온 모든 행위의 밑바닥에는 깊은 인간애가 깔려 있었다.

통나무에 불이 붙어 계속 타 들어가면 나중에는 불꽃과 통나무를 구별할 수 없게 된다. 요한 수사는 한평생 줄곧 성령이신 사랑의 불이 붙어 끊임없이 타오르는 그 통나무처럼 살았다. 그 사랑은 그가 자기 어머니와 형, 그리고 예수의 안나 원장수녀와 바에자의 비체라 박사, 또 세고비아의 빌레가 같은 친지들 안에서 만나게 되었던 하느님의 사랑이었다. 요한 수사의 사랑에는 어떠한 편견도 없었다. 성스러운 사람이든 죄인이든, 신분이 높거나 낮거나 모두 그의 극진한 사랑을 받았다. 그들 역시 요한 수사와 마찬가지로 하느님이 창조하신 존재들이요, 요한 수사를 통해서 표현되고 체현된 하느님 사랑의 대상들이었던 것이다.

더욱이 그는 자연계의 모든 피조물을 사랑했다. 하느님이 그것을 사랑하시기 때문에 그 또한 사랑하지 않을 수 없었다. 하느님 안에서 그는 삼라만상을 사랑했으니 이것은 그가 참으로 그 모든 것을 선하게 보았음을 의미하는 것이었다. 요한 수사가 그의 저서들 안에서 가르치고 있는 자기부정의 길은 단지 사람 개개인 안에 있는 애인을 해방시키는 한 가지 수법일 따름이다. 세상과 동료 인간들이 참으로 제구실을 하게 하고 그것을 인정하는 법을 배움으로써 주님의 제자는 자유로운 몸으로 사랑을 하게 되는 것이다 — 죽기까지. 그러므로 십자가의 요한 수사가 가르친 "무에의 길"(Nada)을 세상을 멸시하고 멀리하는 것으로 보는 사람들은 그의 진가를 간과하게 되는 것이다.

요한 수사가 하느님이 창조한 자연계에서 얻을 수 있었던 각별한 기쁨은 그의 굳센 정신력의 원천이었다. 그의 온유함과 동정심은 허약과 부족함을 의미하는 것이 아니었다. 오히려 사랑에 근거한 이런 성품은 자신의 수도서원에 충실하고, 또 하루하루의 삶을 모든 면에서 철저히 살아갈 수 있는 힘을 그에게 주었다. 똘레도에서의 감금 생활, 수도회의 여러 직책을 맡음으로써 겪은 어려움들, 1591년, 모든 권한을 박탈당한 굴욕, 악의에 찬 방법으로 자기 과거를 조사당했을 때의 괴로움, 자기를 가혹하고도 무자비하게 다룬 우베다 수도원의 원장에 대한 그의 인정 어린 이해, 그리고 고통에 찬 죽음 등이 그의 본연의 모습을 조금도 손상시키지는 않았다. 오히려 그가 느낀 삶의 기쁨을 포함하여 이 모든 것이 그의 성스러운 생애를 창조했던 것이다. 그의 성성은 그가 타고난 것도 아니고 또 돌연한 은총의 주입으로 그를 완전히 탈바꿈시킨 결과도 아니었다. 그 성스러움과 완전함은 그가 인생행로에서 온갖 체험을 하는 가운데 서서히 성숙한 것이었다. 그리고 하느님의 사랑은 이러한 사건들 속에서 그를 통하여 다른 이들에게로까지 파급되었던 것이다.

마음과 힘을 다해 성실히 삶으로써 십자가의 요한 수사는 그가 살던 시대의 사회악에 도전하며 선을 구축했다. 창조계는 그와 떨어져 있는 별개의 세계가 아니었다. 그는 결코 변장한 천사가 아니었다. 그는 온전히 인간다운 자세로 이 세상에서 자기 삶을 충실히 살았던 것이다. 그것은 곧 하느님의 삶이었다. 왜냐하면 그는 창조계에, 바로 하느님의 창조계에 뿌리를 박고 있었기 때문이다. 그래서 그는 문자 그대로 십자가의 성 요한인 것이다.

십자가의 요한 수사의 작품에서

일단 의지가 묵은 인간의 모든 갈망과 만족에서 벗어나게 되면 영혼은 하느님 안에, 하느님께 대한 새로운 깨달음으로 … 그리고 하느님 안에서 하느님의 새로운 사랑으로 옷을 입게 될 것이다. 그리고 하느님은 다른 묵은 생각들과 상상들이 제거될 때 영혼을 새로운 지식으로 입혀 주신다. 그분은 묵은 인간에 딸린 모든 것, 자연적인 능력들을 멎게 하시고 모든 기능을 새로운 초자연적 능력으로 입혀 주신다. 하여, 이전에는 인간적이었던 활동이 이제는 하느님의 활동으로 바뀐다.

『가르멜의 산길』 제1권 5,7

따라서 기도를 시작할 때 영혼은 마치 풍부한 물을 곁에 둔 사람처럼 애를 쓰지도 않고 또 과거의 고찰이나 형식이나 형태의 수로를 통해 물을 가져올 필요도 없이, 평화롭게 마신다. 영혼이 하느님의 현존 안에 자신을 거두어들일 때 지혜와 사랑과 기쁨을 마시면서 평화롭고 고요한 깨침의 경지에 들게 된다.

『가르멜의 산길』 제2권 14,2

하느님께 질문하거나 어떤 시현이나 계시를 받고 싶어 하는 사람은 어리석을 뿐 아니라, 그리스도께로 온전히 눈길을 모으지 않고 색다른 것을 갈망하며 살기 때문에 하느님을 화나게 해 드리기 쉽다. 하느님은 이렇게 대답하실 것이다. "나는 이미 나의 아들인 나의 말을 통해서 모든 것을 말해 주었다. 내가 다른 말을 가지고 있지 않는데 이보다 더한 무엇을 대답해 주고 계시해 줄 수 있겠느냐? 그를 통해서 나는 모든 것을 말하고 계시했으니 오직 그에게로만 눈길을 모으라. 그러면 그에게서 네가 구하고 바라는 것 이상으로 얻을 것이다. … 그를 너희에게 형제로, 친구로, 스승으로, 속전으로, 보상으로 줌으로써 그는 내가 너희에게 이미 말하고 대답하고, 나타내고, 계시해 준 나의 완전한 말·대답·시현·계시 그 자체이기 때문이다. …"

『가르멜의 산길』 제2권 22,5

순수하고 조심성 있고 단순하고 겸손한 영혼은 많은 노력과 주의를 기울여서 마치 대단히 위험한 유혹이나 되는 듯 계시나 다른 시현들을 물리치고 거부해야 한다. 사랑의 합일에 도달하기 위해서는 이런 따위를 원하는 것보다 오히려 거부하는 것이 필요하기 때문이다. 솔로몬이 "본성의 능력을 초월하는 것을 원하거나 찾는 것이 사람에게 무슨 필요가 있느냐?"(전도 7,1)라고 말한 것은 바로 이런 뜻이었다. 즉, 완전해지기 위해서는 초자연적이고 인간의 능력을 초월하는 방식으로 좋은 보상을 얻으려고 할 필요가 없다는 뜻이다.

『가르멜의 산길』 제2권 27,6

피조물의 소유권을 박탈당함으로써 오히려 피조물 안에서 즐거움과 휴식을 얻는다. 그것들을 소유한다면 그것들 안에서 즐거움을 누릴 수가 없다. 그것들이 하나의 근심거리가 되어 속박하는 끈처럼 정신을 땅에다 매어 놓고 마음의 자유를 허락지 않기 때문이다.

『가르멜의 산길』 제3권 20,2

영혼이 회심하여 하느님을 섬기기로 굳게 작정한 뒤에 하느님께서는 마치 애정 깊은 어머니가 아이를 자기 가슴의 체온으로 따스하게 해 주며 맛있는 젖과 부드러운 음식을 먹이고 그 팔로 안아 주며 애무하듯이 그 영혼을 기르시며 어르신다. 그러나 어린이가 자람에 따라 어머니는 응석을 받아 주지 않고 부드러운 애정을 감춘다. 그녀는 자기의 달콤한 젖가슴에 쓰디쓴 노회즙을 바르고 어린이가 아이 버릇을 그만두고 더 크고 더 중요한 일에 습관을 들이도록 아이를 품에서 내려놓고 제 발로 걷도록 한다.

『어두운 밤』 제1권 1,2

관상이란, 박해를 받지 않을 경우, 사랑의 영으로 영혼을 불태우는 하느님의 은밀하고 평화롭고 애정 어린 흘러 들어감이다.

『어두운 밤』 제1권 10,6

하느님께서 이 밤을 통하여 영혼을 단련시키는 그 메마름과 고난과 유혹들과 시련으로 말미암아 사람은 부드러워지고 겸허해져 하느님과 자기 자신과 이웃에게 유순하게 된다. 그 결과 자신의 결점이나 이웃의 결점을 못 견뎌서 성을 내게 되지도 않고 자기를 신속하게 완전한 사람으로 만들어 주지 않는다고 하느님께 불만을 품거나 무엄하게 불평을 하지도 않는다.

『어두운 밤』 제1권 13,7

이것은 갖가지 유다른 지식과 애착을 깡그리 없애 버린 영혼의 특징이다. 영혼은 아무것에서도 만족을 찾지 않고 특별히 어떤 것을 알려고 하지도 않으며, 자기의 비움과 어둠에 머무르면서 기꺼이 모든 것을 받아들인다.

『어두운 밤』 제2권 8,5

이 복된 밤이 영을 어둡게 할지라도 그것은 오직 모든 사물에 빛을 주기 위함이다. 한 사람을 낮추고 그의 비참함을 드러낼지라도 그것은 그를 높여 주기 위함이다. 모든 소유와 본성의 애착에서 떠나 가난하게 하고 비우게 할지라도 그것은 모든 것이 자유로운 정신을 가지고 하느님에 힘입어 모든 지상적인 것과 천상적인 것을 향유하는 경지에 도달케 하기 위함이다.

『어두운 밤』 제2권 9,1

그분을 찾아 얻으려는 열망은 진실하고 그 사랑은 강렬하여 영혼은 가능한 어떠한 노력도 아끼려 하지 않는다. 하느님을 진실로 사랑하는 영혼은 자기의 연인인 성자를 만나기 위해서 굼뜸이 없이 자기가 할 수 있는 모든 일을 한다. 그리고 온갖 것을 행한 후에도 영혼은 만족하지 않고 자기는 아무것도 하지 않은 듯이 생각한다.

『영혼의 노래』 3,1

그분은 그들을 바라보심으로써 자연적 생명과 도덕적 힘을 주셨을 뿐 아니라 당신 아드님의 모상대로 초자연적 생명까지 부여해 주시고 그들을 아름답게 입혀 주셨다. 그분이 사람이 되심으로써 이렇게 하신 것이다. 인간성을 신적인 아름다움으로 들어 올리시고 모든 피조물까지도 들어 높이신 것이다. 왜냐하면 인성 안에서 그분은 모든 피조물과 하나가 되셨기 때문이다. 그러므로 하느님의 아드님은 "내가 땅에서 들어 올려지게 되면 모든 사람을 내게로 이끌어 올 것입니다"(요한 12,32)라고 선언하신 것이다. 그리하여 성자의 강생을 통한 육신의 영광스러운 부활을 통해 이렇듯 모든 것을 들어 높임으로써, 성부께서는 피조물들을 부분적으로만 아름답게 해 주신 것이 아니라 완전한 아름다움과 품위로 입혀 주신 것이라 할 수 있다.

『영혼의 노래』 5,4

성 바울로가 고린토인들에게 이 교의를 가르치면서 "벌거벗기가 아니라 덧입기를 바라고 있기 때문입니다. 죽을 것이 생명에 삼켜지도록 말입니다"(2고린 5,4)라고 말한 것은 "우리가 육체를 벗어나게 되기를 바라는 것이 아니라 영광으로 덧입혀지기를 바라는 것입니다"라는 말과 같은 것이다.

『영혼의 노래』 11,9

사랑은 사랑하는 이들끼리 서로 닮아 가서 상대방의 모습으로 바뀌기 전까지는 결코 완전한 것일 수 없음을 알아야 한다.

『영혼의 노래』 11,11

사랑은 사랑하는 이들을 이와 같이 변용시켜 서로 똑같이 만들어 놓기 때문에 한쪽이 다른 쪽이라고 할 수 있을 만큼 둘은 완전히 하나가 되는 것이다. 그 이유는 사랑의 일치와 변용 속에 한쪽이 다른 쪽으로 하여금 자기를 차지하게 하고 서로 자신을 내맡기며 바꿈질을 하기 때문이다. 그리하여 각자는 상대방 안에서 살며 상대방의 것이 되어 둘은 사랑의 변용 안에 하나가 된다.

『영혼의 노래』 12,7

산들은 높고 풍요로우며 광대하고 아름답고 꽃들이 만발하여 향긋한 향기로 넘쳐 있다. 나의 님은 내게 이렇듯 멧부리인 것을 … 외딴 골짜기는 고요하고 상쾌하며 서늘하고 녹음이 시원하며 맑은 물이 철철 흐른다. 그 숲의 온갖 방초들, 그리고 새들의 부드러운 노랫소리는 사람의 마음에 풍요한 낙과 기쁨을 준다. 또 활력과 침묵으로 싱그러움과 휴식을 선사한다. 나의 님은 내게 이렇듯 골짜기인 것을 ….

『영혼의 노래』 15,6-7

그래서 피조물들은 영혼에게 세상의 모든 화음과 가락들을 초월하는 하나의 장엄한 화성 교향악이라 할 것이다. 따라서 영혼은 사랑하는 그분 안에 자기가 알아

듣고 즐기고 있는 이 영적 교향곡으로 해서 자기의 님을 침묵의 음악이라고 하는 것이다.

『영혼의 노래』 15,25

마찬가지로 영혼은 그 차분한 지혜로, 피조물 전부가 고등이든 하등이든 저마다 똑같이 하느님으로부터 부여받은 분수대로 하느님이 어떤 분인지 소리쳐 증거하고 있음을 지각한다. 그리고 나름대로 자기 수용 능력에 따라 자기 안에 하느님을 향유하면서 하느님을 찬양하고 있음을 본다. 이렇듯 그들의 소리는 하느님의 위대하심과 지혜, 그리고 그 놀라운 통찰을 찬양하는 하나의 음률로 피어오르고 있는 것이다.

『영혼의 노래』 15,27

하느님은 영혼을 당신 안에 이토록 변용시키시기 때문에 영혼의 모든 기능, 욕구, 움직임은 그 본래의 불완전성을 벗어 버리고 신적인 것으로 변화된다.

『영혼의 노래』 21,4

하느님은 부드럽고도 완전한 사랑으로 얼마 동안 하느님의 아드님과 약혼 시절을 보낸 영혼을 부르시어 당신의 꽃 핀 동산에 들게 하시고 그분과의 가장 행복한 결혼 상태로 영혼을 완성시키신다. 이 상태에서 두 본성은 일치를 이루고 신성이 인성에 전해짐으로써 존재 자체는 변화됨이 없이 둘 다 하느님처럼 보인다.

『영혼의 노래』 22,4

이 상태에 있는 영혼이 하느님과 더불어 누리는 행복하고도 영광스러운 삶은 얼마나 즐거울 것인지 생각해 보라. 하느님이 어떤 불쾌감도 느끼실 수 없듯이 영혼도 그런 것을 느끼지 못한다. 그것은 하느님 안에 변용된 영혼이 자기 실체 안에 하느님의 영광의 기쁨을 체험하고 즐기고 있기 때문이다.

『영혼의 노래』 22,5

의지의 행위는 이 불꽃과 결합하여 위로 솟아올라 성령의 불꽃 속에 흡수되고 만다. 그래서 이 상태에 있는 영혼은 스스로 행동하지 않고 성령이 그 영혼 안에서 행동하고 영혼을 자극하시므로 영혼의 모든 행위는 신적인 것이 된다. 이러한 움직임과 효과는 하느님께로부터 나온 것이다. 그러므로 이 불꽃이 튈 때마다 영혼은 기쁨과 신적 성향으로 사랑의 행위를 하게 되는데, 이것이 하느님 안에서 하느님의 행위를 하도록 영혼을 끌어올리기 때문에 영혼은 마치 영원한 생명을 누리는 듯이 여겨진다.

『사랑의 산 불꽃』 I,4

… 이것은 영혼으로 하여금 영적으로 하느님 안에 살고 "나의 마음 나의 이 몸이 살아 계신 하느님께 기쁜 소리 지르옵니다"(시편 84,2)라고 다윗이 말한 것처럼 하느님의 생명을 체험케 한다. 다윗이 하느님을 살아 계신 분이라고 말해야 했기 때문에 이런 말을 한 것은 아니었다. 다만 하느님 안에 변용된 영과 감각이 생생하게 하느님을 즐기고 있음을 나타내기 위함이었다. 이는 살아 계신 하느님, 곧 하느님의 생명, 영원한 생명을 맛보는 것이다.

『사랑의 산 불꽃』 I,6

흡사 혼례의 궁 안에서 아하스에로스가 에스델과 더불어 한 것처럼(에스 2,17) 이것은 기쁘고 흥겹게 사랑의 기교를 부린다. 하느님은 그들 위에 기쁨을 쏟아 부으심으로써 당신이 잠언에서 "나는 붙어 다니며 조수 노릇을 했다. 언제나 그의 앞에서 뛰놀며 날마다 그를 기쁘시게 해 드렸다. 나는 사람들과 같이 있는 것이 즐거워 그가 만드신 땅 위에서 뛰놀았다"(잠언 8,30-31)라고 하신 말씀이 이 영혼 안에 실현되도록 거기에서 당신의 매력을 보이시고, 당신의 부와 장엄한 영광을 나타내신다.

『사랑의 산 불꽃』 I,8

사랑은 하느님께 나아가려는 영혼의 성향이고 힘이며 활력이라는 것은 두말할 여지가 없다. 사랑이야말로 영혼을 하느님과 결합시켜 주기 때문이다. 영혼이 지닌 사랑의 강도가 클수록 영혼은 더욱 깊이 하느님 안으로 들어가서 하느님께 집중하는 것이다.

『사랑의 산 불꽃』 I,13

사람을 차별하지 않으시고 큰길에서나 골목에서나 항상 자신을 기쁘게 보여 주시면서 마치 어디서나 태양이 비추듯 아낌없이 당신을 쏟아 부으시는 빛의 아버지께서는 이 세상에서 사람의 자녀들과 더불어 식탁을 함께하시는 것을 꺼리지도 않으시고 또 하찮게 생각지도 않으신다.

『사랑의 산 불꽃』 I,15

성령은 사랑의 불꽃이시기 때문에 성령이 어떤 영혼에 강하게 닿으실 때 그 영혼의 애정은 세상의 모든 불꽃보다 더 강렬하게 보일 만큼 열정적인 사랑의 경지로 치솟는다. 이 합일의 경지에 이른 영혼은 성령을 인두라고 부른다. 그것은 불에 달구어진 인두가 불보다도 더 뜨거워서 불꽃에 닿은 것보다 더 심한 화상을 입히기 때문이다. 그래서 영혼은 이 일치의 행위를 불꽃과 비교하여 인두라고 부르는 것이다. 이 일치의 행위는 어떤 불꽃보다도 더 격렬한 불꽃에 의해서 이루어진다. 이 경우에 영혼은 신적인 불꽃에 의해 완전히 변화되어 인두와 같은 뜨거움을 감촉할 뿐 아니라 자신도 달구어진 인두처럼 변해 버린다.

『사랑의 산 불꽃』 II, 2

영혼이 자신의 비참이나 정신적 고통으로 말미암아 상처를 입었든지 혹은 그런 상처 없이 건전한 상태에 있든지 이 사랑의 인두가 영혼에 한번 닿기만 하면 이 인두는 즉시 그 영혼에 사랑의 상처를 낸다. 그리고 일단 이런 일이 있은 다음에는 다른 원인으로 생긴 상처들까지 사랑의 상처로 변한다.

『사랑의 산 불꽃』 II, 7

성령께서는 기쁨을 주시기 위해서 영혼에게 상처를 내신다. 영혼을 기쁘게 해 주려는 원의가 큰 만큼 상처 또한 크고, 영혼에게는 말할 수 없이 큰 기쁨을 준다.

『사랑의 산 불꽃』 II, 7

그 불꽃은 영혼의 활력과 힘의 척도가 된다. 영혼은 열정이 더욱 강렬해지고 커짐을 느끼며, 사랑이 이 열정으로 순화됨으로써, 지상과 천상의 높은 곳, 깊은 곳 안 미치는 데 없이 모든 것을 사랑에 잠기게 하는 사랑의 불바다가 자기 속에 있는 것처럼 생각한다. 그리고 사랑의 한계가 보이지 않기 때문에 영혼에겐 우주 전체가 사랑의 바다처럼 보인다.

『사랑의 산 불꽃』 II, 9

이처럼 완전한 상태에 있는 영혼은 내적으로나 외적으로나 항상 축제의 기분을 지니고 살며 하느님 안에서 종종 영적인 언어로 기쁨의 새 노래를 부르곤 한다. 그 노래는 언제나 새롭고 영혼이 자신의 행복한 상태를 아는 데서 솟아나는 기쁨과 사랑으로 싸여 있다.

『사랑의 산 불꽃』 II, 36

진정으로 사랑하는 이는 자신에게 있는 귀중한 모든 것을 다 내어주고 자신이 사랑하는 이가 가지고 있는 것을 받아들이는 때만 만족을 느낀다. 자기에게 귀한 것일수록 그것을 내주는 데서 더 큰 만족을 얻는다.

『사랑의 산 불꽃』 II, 1

네 영혼과 육신이 완전한 조화를 이룸에 따라 너는 놀라운 기쁨을 맛보게 된다. 그리고 시편 작가가 "강물의 줄기들이 하느님의 도성을 지존의 거룩한 처소를 즐겁게 한다"(시편 46,4)라고 확언한 바가 네 안에서도 이루어질 수 있게 너는 신적인 물줄기가 흐르는 낙원으로 완전히 전환하게 된다.

『사랑의 산 불꽃』 III, 7

영혼은 하느님을 통해서 피조물을 인식하는 것이지 피조물을 통해서 하느님을 인식하는 것이 아니다.

『사랑의 산 불꽃』 IV, 15

영혼도 볼 수 있는 바와 같이 하느님은 모든 피조물을 움직이시고 지배하시고 또 그들에게 존재와 활력과 은총과 은혜를 베푸시면서 당신의 권능과 존재와 실체로써 당신 안에 그 모든 피조물을 품으신다.

『사랑의 산 불꽃』 IV, 7

모든 것이 다 바뀌어도 좋습니다. 주 하느님, 우리가 당신 안에 뿌리를 내리면.

『빛과 사랑의 말씀』 30

어디를 간다 한들, 주여 당신과 함께라면, 어디서나 내가 당신을 위해 원하는 대로 내게 이루어질 것입니다.

『빛과 사랑의 말씀』 50

이웃을 사랑하지 않는 이는 하느님을 미워한다.

『다른 금언』 8

예수님이 당신 영혼에 계시옵기를.
며칠 전에 요한 신부님을 통해서 당신의 마지막 편지에 답을 썼습니다. 편지를 기다리던 차에 기쁘게 받았습니다. 그 편지 안에, 내 기억에는 당신의 편지는 다 받았다고 생각된다는 것, 그리고 붓으로써는 도저히 나타낼 길이 없는, 줄곧 나에게 말없이 안타까움을 외치고 있는 당신의 슬픔과 불행, 고독에 얼마나 내가 깊이 동정하고 있는지를 말했습니다.

『편지』 9
그라나다의 요한나 베드라자 부인에게, 1589.1.28. 세고비아

예수님이 당신 영혼에 계시옵기를.
당신이 말하는 대로 가난한 이들을 잊고, 또 자기는 버림받은 생활을 하고 있다는 생각을 하지 않는 은혜를 제게 주신 예수님께 감사합니다. 당신이 입으로 말하는 것을 그대로 믿고 있다고 생각을 하니 마음이 몹시 괴롭습니다. 만부당함에도 불구하고 저토록 친절을 받고 있으면서도 그건 너무합니다. 당신을 잊는 것만은 절대로 하지 않았습니다. 생각해 보셔요. 당신처럼 내 마음에 자리 잡고 있는 것도 드문데, 어찌 잊을 수가 있겠습니까.

『편지』 18
그라나다의 요한나 베드라자 부인에게, 1589.10.12. 세고비아

너를 괴어 받들 색시를
아들아, 네게 주려 했노라
우리네 한 몫을 네 힘으로
그가 얻기 위함이었노라

내 먹는 같은 빵을
그도 한 상에서 같이 먹어서
이런 아들 안에 내가 지니는
복락을 그도 알라 함이어니
네 사랑, 네 가멸함을
나와 함께 즐기기 위함이로다
아버지 감사하여이다
아드님이 그에게 대답하시다
— 내게 주실 신부에게
내 빛을 주리이다
그 밝음 힘입어 얼마나
내 아버지가 귀하시고
내 가진 있음이 그 있으심에서
받은 것임을 그가 보게 하리다

나는 내 팔에 그를 눕히오리니
그는 당신 사랑에 타오르리다
그지없는 환락 그 속에

당신의 지선은 높아만 가리다

『단편 서사시』 3 창조 (최민순 역)

내 님은 멧부리들
외딸고 숲 우거진 골짜구니들
묘하디묘한 섬들과 섬
소리 내며 흐르는 시냇물들
사랑을 싣고 오는 휘파람 소리

이슥 조용한 밤
동녘 새벽의 어름
소리 없는 음악
소리 있는 맑은 고요
즐거웁고 황홀스런 저녁 잔치

『영혼의 노래』 13-14 (최민순 역)

네 사랑에 값하노니, 되어지라
아버지 말씀하시니
이러히 하신 말씀에
누리가 삼겨났느니라

크넓으신 슬기로써
신부의 궁전을 지으실 새
높고 낮은 두 전각을
따로따로 하시니라

낮은 것은 천태만상
차별상이 무수하되
높은 것은 묘한 보석에
몹시 아름답더니라

모시는 신랑 누구신지
신부가 좋이 알아차리라고
높으나 높은 곳엔
천사의 계급을 두시었고

인간의 본성을랑
낮은 곳에 두었으니
그의 됨됨이가

저보다 못한 까닭이니라

됨됨이와 자리들이
서로 이같이 나뉘었어도
모두가 신부의 것
그는 이같이 말하니라

한 분이신 신랑의 사랑
온갖 것이 신부 하나로세
높은 곳의 저이들은
복락 속에 신랑 모시고

낮은 곳의 저이들
믿음의 바람 부어 주시며
한때 저들을 키워 주시라신
그 바람 속에 모시네

저들의 그 낮음을
그분이 올려 주시오리
아무도 그 낮음을
조롱할 이 없으오리

그분이 몸소 저들이나

십자가의 요한 수사의 작품에서

똑같이 되어 주시오리
저들과 함께 오시어서
저들과 함께 살으시리
하느님이 사람 되고
사람이 하느님 되어
그분은 저들과 말하시고
잡수시고 마시리라네

허구한 날 저들과 함께
그분이 늘상 계시리라네
지나가는 이 세상이
없어지기까지라네

다함없는 음률 속에
의인들이 즐기리니
그 짝 이룬 새색시의
머리가 그분 아니신가

의인들의 모든 지체
새색시에 이어 주면
그들은 곧 신부의 몸
이를 그분 팔 안에다

보드라이 안아 주시리
당신 사랑 베푸시사
한 몸 되어진 연후에
아버님께 데리고 가시리

하느님 누리시는
같은 복을 게 누리니
아버지와 아드님과
이분들로서 좇아 난 님은

한 분이 또 한 분 안에 사시느니
새색시도 이러하여
하느님 안에 흡수되어
하느님의 생명을 살으리라네
…

『단편 서사시』 5 창조(최민순 역)

아들아 내 너의 색시를
네 모습 닮게 지은 줄 너 아나니
너와 같아 보이는 그이
너와 함께 있음이 좋은 일이로다

그러나 그의 몸은 이를 갖지 않은
수수한 너와 다름이 있도다
사랑이 오롯한 것일수록
그것이 요구하는 법이란

사랑하는 이 그 사랑하는 이와
똑같이 되고 싶어 하고
같아짐이 클수록
기쁨이 더욱 그윽함이니라

그의 지닌 살을 너도 지니고
너 그와 비슷이 보여지는 날이면
네 색시 그 속 깊은 즐거움이
반드시 크게 자라리라

내 마음이 곧 당신 마음이오라
당신 뜻이 내 뜻 되어지옴을
한껏 영광으로 삼나이다

아버지여, 당신 지존의 말씀이
옳이만 내게 여겨지오니
이러히 함으로써 당신의 좋으신
뜻이 보다 더 또렷이 나타나리이다

크옵신 당신의 능과 의로움과 슬기가
나타나시리니 내 이를 알리고자
세상에 가리이다, 당신의 고우시고
부드러우심 그 뛰어나심을 알리리이다

나의 신부를 찾으러 나는 가오리니
고달픔 지루했던 그의
괴로움과 가난함을
나 위에 나는 걸머지겠나이다

또한 그가 생명을 얻기 위하여
그 대신 나는 죽으오리다, 그리하여
늪에서 그를 건져 내어
나는 그를 당신께 되바치리이다

『단편 서사시』 7 성자 강생(최민순 역)

참고 문헌

Fray Alonso de la Madre de Dios, *Vida, virtudes y milagros del santo padre Fray Juan de la Cruz, maestro y padre de la Reforma de la Orden de los Descalzos de Nuestra Señora del Monte Carmelo*, Biblioteca Naciónal de Madrid, Ms. 13460.

『가르멜 산의 성모 맨발 수도회 개혁의 사부인 십자가의 성 요한의 생애와 성덕과 기적』이란 표제의 이 원고는 십자가의 요한 수사를 개인적으로 알고 있었고 시복 절차에 필요한 자료를 수집하는 데 관련되었던 사람이 기록했는데도 출판된 적이 없다. 저자가 직접 관련되어 있기 때문에 이 특별한 저술에는 다른 문헌에서 찾아볼 수 없는 몇 가지 자세한 이야기들이 일정한 양식으로 정리·수록되어 있다.

Jean Baruzi, *Saint Jean de la Croix et le probléme de l'expérience mystique*, Paris: F. Alcan 1924.

『십자가의 성 요한과 신비 체험의 문제』란 표제의 이 저술은 원래 요한 수사의 전기에는 관심을 갖지 않으나, 앞에서 인용한 전기적 저술은 요한 수사의 삶을 빼어나게 설명하고 있다. 이 고전적 전적을 참고하지 않고서는 요한 수사의 생애나 업적을 진지하게 연구할 수 없다.

Gerald Brenan, *St. John of the Cross: His Life and Poetry* (Lynda Nicholson이 번역한 시 수록), Cambridge: Cambridge University Press 1973.

> 다른 저자들에게서 산견되는 성인전 특유의 소재는 무시하고 근래에 발견된 자료를 이용하여, 요한 수사의 생애를 간명하고도 흥미롭게 소개하고 있다.

Fr. Bruno de Jesús-Marie, *Saint Jean de la Croix*, Bruges: Les Etudes Carmelitaines, Chez Desclée de Brouwer 1961.

> 1929년에 초판이 나왔는데 참고할 만하다. 영어 번역판: Benedict Zimmerman 편, *St. John of the Cross*, London: Sheed and Ward 1936.
> Bruno de Jesús-Marie 신부의 저술은 매우 흥미롭기는 하나 성인전 특유의 감상적 색채가 짙다.

H. Chandebois, *Portrait de Saint Jean de la Croix. La flûte de roseau*, Paris: Grasset 1947.

> 요한 수사 생존 당시의 가르멜 수도회 분위기와, 이 신비가의 삶에 깊은 영향을 미친 주요 사건들을 알려 주는 좋은 저술이다.

Crisogono de Jesús, ocd, *Vida y Obras de San Juan de la Cruz* (저자가 죽은 후 Matias del Nino Jesus가 비판적 주를 달고 또 Lucinio del SS. Sacramento가 편집하여 주와 부록을 덧붙인 개정판 제5판) Madrid: Biblioteca de Autores Cristianos 1964.

> 의심할 여지 없이 이것은 십자가의 요한 수사의 생애와 배경을 알려 주는 저술들 가운데 가장 중요한 문헌의 하나다. 부단히 인용 또는 원용되는 학문적 자료가 수록되어 있어 특별한 가치가 있다. 그러나 저자는 자기가 요한 수사의 생애를 재구성하기 위해 기초 사료들을 섞어서 엮어 낸 사건들의 역사적 의의에 대해서는 아무런 평

가도 하지 않았다. Kathleen Pond가 1955년도 판을 영어로 옮겼다: *The Life of St. John of the Cross*, London: Longmans, Green & Co. 1958.

Jeronimo de San José, *Historia del Venerable Padre Fray Juan de la Cruz Primer Descalzo carmelita, compañero y Coadjutor de Santa Teresa de Jesús en la Fundación de su Reforma*, Madrid 1641.

> 제일 먼저 엮어진 전기 중 하나이지만 성인전 특유의 감상적 색채가 강하다. 그렇지만 전기적 자료를 알려 주기 때문에 중요한 문헌이다.

José de Jesús María (Quiroga), *Historia de la vida y virtudes del Venerable P. Fray Juan de la Cruz Primer Religioso de la Reformacion de los descalzos de Nuestra Señora del Carmen con Declaracion de los Grados de la vita contemplativa por donde N.S. le levanto a una rara perfecion en estado de destierro. Y del singular don, que tuvo para ensenar la sabiduria divina que transforma las almas en Dios*, Brussels: Ivan de Meerbeeck 1628.

> 이 저술도 성인전 특유의 취향이 두드러지고 초기의 다른 전기들에서 산견되는 보통의 소재들이 수록되어 있다. 그러나 특이하게 성성의 맥락 안에서 요한 수사의 생애를 설명하고 있다. 바로 이 때문에 매우 흥미 있게 읽을 수 있다.